Les Palestiniens dans le siècle
パレスチナ
動乱の100年
サブラとシャティラでは
殺戮が夜明けまで続き、
数千のパレスチナ難民が殺された。
世界中がすさまじい嫌悪を示し、
イスラエルでも
非難の声が鳴りやまなかった。
エリアス・サンバー 著
飯塚正人 監修
福田ゆき、後藤淳一 訳
「知の再発見」双書103
絵で読む世界文化史

Les Palestines
dans le siècle
by Elias Sanbar

日本語版監修者序文

飯塚正人

パレスチナ問題は，大国主導の国際政治が産み落とした20世紀最大の《不合理》である。

そこではまず，シオニズム運動（「ユダヤ人国家」建設運動）の掲げた「土地なき民に，民なき土地を」というスローガンのもと，平和に暮らしていた現地住民の存在そのものが大国によって否定され，代わりにヨーロッパに住む「ユダヤ人」の移民が正当化された。だが，現にそこに人が住んでいる以上，限られた土地によそ者が大勢やって来れば，現地住民との間で土地や職をめぐるトラブルが起こるのは当然である。言ってみれば，ここでは火のない所に無理に紛争の種がまかれた。これが第一の不合理だったと言える。

けれども，より大きな不合理は，ヨーロッパ各地で厳しい迫害を受けていた「ユダヤ人」が，パレスチナでは一転して加害者となってしまった事実にあったろう。「ユダヤ人」の流入と，それに続くイスラエルの建国によって，今度はパレスチナ人が迫害され，離散の憂き目にあった。「ユダヤ人」を迫害してきたのはヨーロッパ諸国民だったはずなのに，ただパレスチナに住んでいたという，それだけの理由で，パレスチナ人は難民となり，あるいは土地と職を失ったのである。何の罪もないパレスチナ人が，

「ユダヤ人」を迫害・虐殺してきたヨーロッパの責任を一身に背負わされた悲劇。これを《不合理》と呼ばずして何と呼ぼう。

とはいえ，最も深刻な不合理は，もともと存在したこれらの不合理を覆い隠すために，およそ信じられないほど馬鹿げた話が次から次へと捏造され，問題の本質をわかりにくくしてしまったことにあった。たとえば，「ユダヤ人とアラブ5000年の戦い」しかり，「ユダヤ教とイスラム1400年の戦い」しかり。

だが，歴史をひもとけばわかるとおり，19世紀以前にイスラム教徒とユダヤ教徒が戦ったことなどめったにない。アラブと「ユダヤ人」の戦いにしても同様である。そもそも，ローマ帝国の手で離散させられたユダヤ教徒が聖地エルサレムに戻ることができたのは，西暦７世紀にアラブのイスラム教徒が大征服に乗り出し，この地を奪った結果だった。

けれども，国際政治のなかでこうした史実が正当な評価を受けることはほとんどない。紛争の真の原因が土地と職の奪い合いにあることがわかれば，国際世論は間違いなく，「ユダヤ人」移民を推進する側，「占領」を続ける側を非難するからである。よって，移民を推進する側は，紛争の真の原因を隠し通さなくてはならない。20世紀最大の大嘘とも言える「ユダヤ人とアラブ5000年の戦い」,「ユダヤ教とイスラム1400年の戦い」といった珍説は，このような思惑によって捏造され，世界中に輸出された。

だが，いまやこうした嘘に騙されている時ではない。2001年９月にアメリカで同時多発テロ事件が起きた直後から，多くのアラブ諸国，イスラム諸国では「パレスチナ人のための復讐」ではなかったかとする噂や観測が流れた。2000年９月に始まった第二次インティファーダに対するイスラエル国家の常軌を逸した「報復」を止めようとした諸国の努力が，アメリカに拒否される形でことごとく失敗に終わり，パレスチナ人の苦境をどうすることもできない圧倒的な閉塞感の中で事件が発生したからである。実際，事件の黒幕とされたウサーマ・ビンラーディンが掲げていたのも，パレスチナ人の惨状を放置し続ける国際社会に対する怒りであった。

もっとも,同時多発テロはパレスチナ人の苦境をいよいよ深める結果にしかならなかった。事件に歓喜するパレスチナ人の映像が，結果として，彼らに「テロリスト」イメージを植えつけようとする勢力を後押しし,「対テロ戦争」の大義名分のもと，帰還と独立を目指すパレスチナ人自身による闘争までが「テロ」として扱われることになったからである。2002年に入ると状況は一層悪化した。テロ組織の基盤壊滅を名目に，イスラエル軍がパレスチナ自治区に侵攻。絶望と怒りの中で，パレスチナでは年端もいかない少年少女までが自爆テロに走っている。

パレスチナ人は国際政治が産み出した《不合理》のなかで20世紀を生き，また殺され続けてきた。このような不合理，人類史の汚点がいつまでも放置されていいはずはない。パレスチナ問題の解決は，世紀を越えて21世紀を生きる人類に突きつけられた大きな課題のひとつである。だが，問題を解決するためにはまずその本質を知らなくてはならない。

本書は，多数の写真と図版を駆使して，パレスチナ人が直面せざるを得なかった不合理と苦難を明らかにしている。しかも，シオニストによる土地収用や虐殺を糾弾しつつも，「ユダヤ人」迫害の結果として生まれたイスラエル国家の存在を認め，二つの国家の共存を模索する姿勢を貫いている。「テロ」というレッテルを貼ることで，すべての矛盾を単純化してしまう知的怠惰が目につく昨今，本書を通じて得られるものは少なくないに違いない。

ナーブルスのナジャー小学校の生徒（1924年）

ヤーファの男子高校の指物師コース（1924年）

刈入れをするパレスチナの農婦

スイカ作り

ベツレヘムの風景

村の小学校

正教会派学校のオーケストラ（1938年）

グレープフルーツの収穫

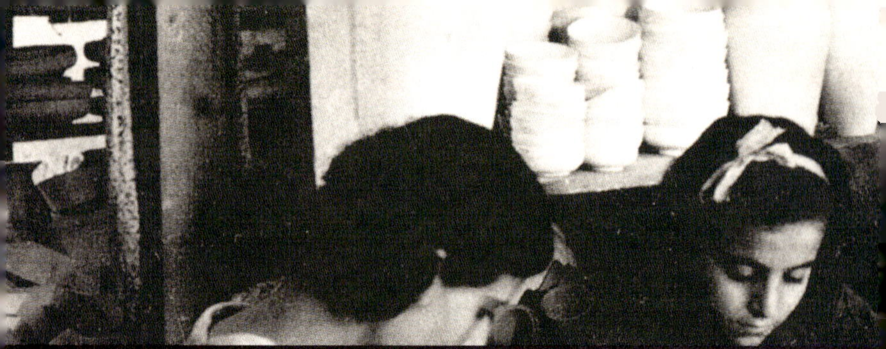

伝統的な製陶

エルサレムの「神殿の丘」を訪ねるアフマド・アッシャリーフ・アッサヌーシー（1923年頃）

エルサレムのアラブ大学の教授と学生（1930年）

海から見たヤーファ

アラブ最高委員会議場前のパレスチナの婦人代表団，エルサレム（1936年）

ヤーファの正教会派学校の学生（1938年）

ガリラヤ湖の漁師

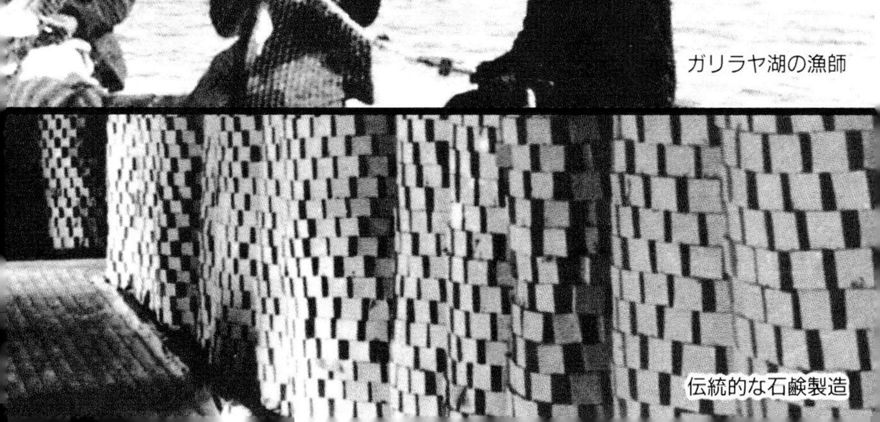

伝統的な石鹸製造

ヨルダンのパレスチナ難民キャンプ（1968年）

同上

ヨルダン川近くのパレスチナ難民キャンプ（1969年）

ヨルダンのアンマン近郊のキャンプで
訓練中のパレスチナの少女（1970年）

CONTENTS

パレスチナ

エリアス・サンバー❖著
飯塚正人❖監修

「知の再発見」双書103
創元社

A.M. ESPRIT
1914

❖「シオニズムは危険だ。我々の祖国を狙っている……我々の家や土地を奪うと宣告している」。改革派のスライマーン・アッタージー・アルファールーキーは，1911年5月にこう警告した。パレスチナ人の「危機」が早くも予見されている。彼はまた，4世紀に及ぶオスマン帝国支配が終わり，パレスチナが植民地争奪戦に巻き込まれることも告げている。

第1章

肥沃な聖地

⇦切り石造りの家を背にポーズをとるエルサレム地方の農婦。

⇨ベドウィン――19世紀末，パレスチナ人の多くは農民だった。都市人口が増大する一方で，南部にはベドウィンのような半遊牧の人々がいた。

現在のパレスチナは，トルコ系のオスマン帝国内のアラブ人地域の一つとして，1860年から1870年ごろに誕生した。パレスチナの社会的経済的な変化は，エジプトによる支配（1831年～1840年）とともに始まった。その時代，この地域は一つのまとまった自治領とされていた。エジプト人が去ったあと，オスマン帝国は，徴税の効率化を主目的とした改革政策をとり，近代化を推し進めた。強硬な改革は，ヨーロッパの進出，クリミア戦争による財政悪化とあいまって，歴史的シリア〔シリア，レバノン，ヨルダン，パレスチナ（イスラエル），イラク北部を含む地域〕と呼ばれた地域全体の状態を悪化させた。パレスチナは，戦略的位置の特殊性，エルサレムという聖地があり，実体のある集団に帰属しているというパレスチナ人の意識ゆえに，独自の転換の舞台となった。とはいえ，パレスチナ人もまた，より大きな実体すなわち「アラブ民族国家」の実現を願っていた。この世紀末，アラブ人は，独立と統一と近代化を熱望していたのである。

⇨第一次世界大戦頃のオスマン帝国内シリア・パレスチナ地方──オスマン帝国時代，パレスチナは３つの行政区分に分かれており，アッカ，ナーブルス，エルサレムがその中心だった。その他に大小９つの都市（ヤーファ，ハイファ，ナザレ，ガザ，ヘブロン，ベツレヘム，サファド，チベリアス，ラムラ）があった。都市には大勢の職人がいた。

⇩エルサレムの石工たち──エルサレム特産の石は，邸宅の建設に使用された。

肥沃な三日月地帯の住民

オスマン帝国の課税台帳と1849年の人口調査によれば，19世紀半ばのパレスチナには650の村と13の都市があり，合わせて35万人の住民がいた。その85％はスンニー（スンナ）派のイスラム教徒で，11％を占めるキリスト教徒と４％のユダヤ教徒が，主としてエルサレム，ヘブロン，サファド，チベリアスに住んでいた。

19世紀末に人口が急増した。1881年と1893年の人口調査では，人口は47万人となった。これは，経済的な発展によるが，隣接地域からの住民の移動もあった。シリアやレバノン

と異なり，パレスチナには，ヨーロッパの侵略に伴う共同体間の対立がなかったためである。

人口は増えつづけ，1914年には75万人に達した。この期間のユダヤ人入植者は5万人に過ぎず，人口増の主要因ではない。当時のユダヤ系移民の多くは，ポグロム（ユダヤ人の大量虐殺）の吹き荒れるロシアを逃れた人々である。特に1905年の反ツァーリズム運動に対する弾圧の影響は大きかった。

豊かな穀倉地帯パレスチナ

聖地への巡礼者や観光客が数多く旅したこの地方は，紀行文にいうような「荒涼とした大地」ではなかった。19世紀後半以降，パレスチナ綿花の一時的なブームに加え，広い地域で穀物の需要が高まった。ヤーファ周辺のオレンジ畑の面積は1850年から1880年の間に4倍に拡大し，収量も1856年の2000万個から1880年の3600万個に増加した。小麦，燕麦，オリーブ油（および石鹸），オレンジ，綿花といった農産物は，小アジアで，そして次第にヨーロッパで流通するようになった。新興の階層が出現し，建築業は活況を呈した。外国からやってくる使節も増えた。

「通り過ぎた村は，すぐに小麦と大麦の海に飲み込まれた。[……]再び平原が始まり，単調に続く。風のままに凪ぎ，日の光を浴びて緑色に輝き，ビロードの光沢を見せる。たくさんの若い娘たちが，この広大な沃野で働いている。びっしり生えた麦の穂に膝まで埋まり，

[……] ヴェールもまとわず，その顔立ちや素朴で不安げな切れ長の目を我々にさらしている。

[……] 大きなわら束を肩に担ぎ，昂然と我々の前を過ぎていく時，彼女たちの生まれ持った高貴な姿と物腰は，さながら古代の収穫の女神，あるいは大地の女神のようだった。」

ピエール・ロティ『ガリラヤ』(1894年)

⇖ヤーファの穀倉地帯(上)は，肥沃なことで有名だった。

⇦ (p.20) アメリカ人画家ジョン・シンガー・サージェントが1904年のパレスチナ旅行の際に描いた水彩画。ヤーファ港でのメロンの積み込みの光景である。

⇦農婦の伝統的な衣裳

歴史の外で固定されたパレスチナ

1839年，エルサレムの「神殿の丘」を初めて撮影したのは，フランス人フレデリック・グーピル＝フェスケである。ベッドフォードからザルツマンまで，ド・クレルク，デュ・カン，ベルクハイム，レ・ボンフィ，メーソン・グッド，フリッツ，ロビンソンら200人に及ぶヨーロッパの写真家が，パレスチナの風景や風俗，衣裳を世界中に伝えた。彼らの視線には，オリエントへのあこがれと，彼らが属する社会が持つ植民地主義的な眼差しが混在していた。『旧約聖書』以来の歴史上有名な景観が過去の栄光を語るせいで，現在の衰退がいっそう強調された。土地の人々の肖像や写真には，科学と，民俗学をめざす意図があった。しかし，また別の目的もあった。聖書や福音書の物語の物的証拠を見つけ，人々のしぐさの中に千年以上も前の名残りをさがすことである。左はエルサレムの「岩のドーム」。前ページは，イスラム教ドルーズ派の農民（上左），ハイファ（下左），ナーブルス（上右），遊牧民のベドウィン（下右）。

パレスチナにおける中央集権化

オスマン帝国政府は，改革政策によって，山岳地方を支配する地方豪族の勢力を抑え込もうとした。その一部がクリミア戦争(1853−56年，オスマン帝国，英，仏対ロシアの戦争)中に政府軍が引き揚げたのに乗じて，力の伸長を図ったからである。ベイルート，ダマスカス，エルサレムの総督は，都市の名士を利用してこうした地方の自治への希望を打ち砕いた。都市の名士は，当局の眼前で暮らすがゆえに，よりコントロールしやすかったのである。このような動きは，パレスチナでは特殊な形態をとった。この地方はオスマン帝国の領土を狙うエジプトに対する緩衝地帯となっていた。エルサレムにはオスマン帝国中央の直轄地の地位が与えられ，この地方の南部の諸地域が一体となってエルサレム地域を構成していた。このように，行政区分も，パレスチナをひとつのまとまりとして捉える感覚を確立させた。さらに，エルサレムの聖なる性格が強調され，スルタンたちは，西欧がこの町に示す関心に，憂慮も表明した。

ヨーロッパの進出

西欧列強とオスマン帝国の力の駆け引きは19世紀に始まったことではない。1571年に西欧が勝利したレパントの海戦以来，戦争が繰り返され

オスマン帝国が進めた近代化には2つの目的があった。軍事力の確保と徴税の効率化である。19世紀末，アラブの民族意識が高揚し，「西欧列強」からの攻撃が激しくなると，オスマン帝国政府は改革の強硬派として舞台に立つことになった。この改革を最も強力に推進したのは，シリア・パレスチナの総督ジェマル・パシャ(左)で，1908年に権力を握った「青年トルコ人」の3巨頭の一人である。1915年から1916年にかけて，彼はシリア，パレスチナ，レバノンの知識人32人を捕らえ，アラブ独立過激派の嫌疑で絞首刑にした。

権力者は，この「聖地」で自分の存在を示そうとして，学校，教会，病院を建設した。右写真はバシリカ教会の建設。

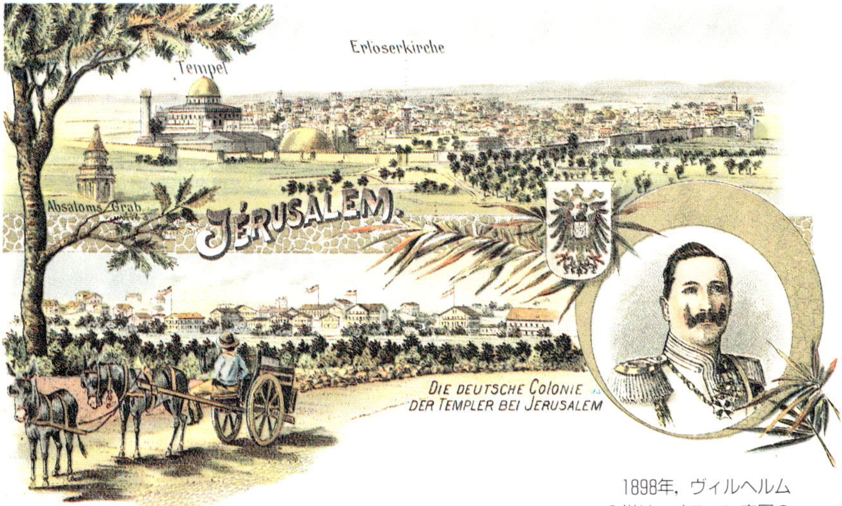

1898年，ヴィルヘルム２世は，オスマン帝国のスルタンを訪問し，「聖地」巡礼をおこなった。ドイツ帝国皇帝来訪の目的は３つあった。皇帝が訪問するほどドイツがこの地域を歴史的に重視していることを示した。オスマン帝国と結んだ特権的な関係を強固にし，ライバルのヨーロッパ列強と違うことをシンボリックに示すためである。

てきた。本格的に，オスマン帝国の分割が始まったのは，19世紀末になってからである。

一方，パレスチナでは，西欧の宣教師たちが活動を始め，聖書研究を目的とした考古学的発掘もあちこちで始まった。さらに，蒸気船の開発によって旅程が短縮され，巡礼者や観光客が大挙して訪れるようになった。

宣教師はそれぞれの国の母国語で教えを広めた。パレスチ

⇦⇩三つの宗教の聖地エルサレム──「聖墳墓」の前庭で聖木曜日の洗足式をおこなうキリスト教徒(上段左写真),「岩のドーム」前のイスラム教の祝祭(右),「嘆きの壁」での祈り(下)。3つの1神教が,パレスチナでそれぞれの祭儀をおこなうのである。ナビー・ムーサーとナビー・サムーイール(モーセとサムエル)のお祭りなど,イスラム教徒の祭りの多くは,ユダヤ経典の預言者を称えるものである。

ナでは,学校教育が普及し,外国語も習得しやすく,その恩恵を早くから受けることができた。

多元的なまとまりという意識

パレスチナ人が西欧文化を受け入れ,こうした機会を生かすことができたのは,彼らの社会に,異文化を受容する素地があったからである。この地方はそれまでも多元的でありながら,ひとつのまとまりとして存続してきた。あらゆる宗教的共同体が混ざり合い,共に生きることがその根底にあった。抜きん出た多数派であるスンニー派が,それ自体均質で確固とした集団として存在していたことは,安定に大いに役立ってはいたが,それだけではない。集団の自覚,すなわち「聖地」の住人であるという意識が彼らをまとめていた。イスラム教,キリスト教,ユダヤ教という3つの一神教の信徒である人々は,このアイデンティティによって統合され，十字軍以来絶えず征服の標的とされてきたことでひとつにまとまった。

常に異国の支配を受けてはいたが，パレスチナの特性ゆえ，その支配が，同一宗教の内部対立以上のものになることはなかった。この地における闘争は，つねに氏族や家系間の同盟と敵対が原因だった。保護と被保護の関係と各自の領土が，氏族や家系を支える土台である。それゆえパレスチナ人にとっての「世界のよき秩序」は，必ずしも「キリスト教徒とイスラム教徒の境界が社会的政治的境界と一致し，両者が完全に分離した状態」を意味しなかったのだ。

⇩ファイディー・アルアラミー──彼は，1906年にエルサレム市長，1914年にオスマン帝国議会議員となった，パレスチナの有力家系の新世代を代表する人物である。名門家族には，フサイニー家，ハーリディー家，ナシャシービー家，アブド・アルハーディー家，バルグーティー家，ロック家，アブヤド家などがあった。

オスマン帝国の改革を利用する名士層

名士層は，もともと，宗教上の特権階級として都市に住む名族，オスマン帝国による征服戦で活躍した指揮官たちの子孫，村落共同体やベドウィンの部族の長老で，出自からいえばパレスチナの近隣地域の有力者と同じである。彼らの権力はどの社会でもおなじみの調停者の機能，すなわち自分の支配下にある人々とその財産を保護することにあった。その代わり彼らは行政・軍事のポストを獲得し，広大な領地を小作させる権利を手に入れて，徴収した税の一部をふところに入れた。国中の，ヒエラルキーの頂点から一番下のけちな名士まで，有力者たちは，権力を承認し委託することを無限に繰り返しながら，各自の権利を財産に変えた。

オスマン帝国による近代化に脅やかされた時，これらの名士層のほとんどが，改革後の行政機構に入り込むことによって危機を免れた。こうして彼らは，多くの重要な地位，ムフティー（政治的宗教的体系の頂点）や裁判官の職などを手中に収めた。

末代のためにも手はずを怠らず，子弟をイスタンブルの大学に送り，時にはオスマン帝国議会議員に選出されるよう根回しをし，高級官僚になれるようにした。

この名士たちに新興階級である「銀行家」が加わった。多くはレバノン人で，事業ブームと人々の借財に乗じてのし上がった徴税請負人の出身だった。彼らは，極貧ゆえに税も払えない農民たちから無理やり税を取り立てたのである。

…そして土地の所有権を獲得した

経済発展によって，法的な土地の所有権という問題が発生した。それまで所有権は，土地を支配する地位に直接影響しないため，副次的な意味しか持たなかった。名士たちは，1858年から1867年にかけて公布された新たな「近代的」土地所有法を利用して，小作地として持っていた土地の所有権を手に入れた。彼らは，長年にわたって累積した債務の支払いをいきなり村落共同体に要求したのだ。村に選択の余地はなく，債権者の名前で自分たちの土地を登記した。こうして大勢の農民は，次々に生まれる大農園の農業労働者の地位をそれと知らずに受け入れた。パレスチナ独特の集団的な土地の管理形態である「ムシャー」は，ここに壊滅した。

パレスチナで土地を構成する単位は「ムシャー」である。これは，集団所有の特殊な概念で，ひとつの村落共同体全体が，耕作する領域すべてに対して所有権を持つ。資産は共同所有だが，土地の開発権は農民1家族ごとに認められている。しかし，集団に重きを置くことを忘れないように，土地は定期的に再配分される。(上)ベツレヘム，(中央)チベリアス湖，(下)ジェニン。

「パレスチナのアラブ人」:独立と反シオニズムに向けて

土地所有は定まったが，重要なものが欠けていた。「国家」機構がないのだ。パレスチナの有力者は国家設立に向けて積極的に尽力し，有力者以外にもこの動きを支持する者はいた。しかし，さらなる別の危険が迫っていた。テオドール・ヘルツルのシオニズム運動が，パレスチナに「民族的郷土」を創設することを目指していたのである。

シオニズムに対して，有力者は抵抗運動を組織した。愛国者同盟を創設し，19世紀末からはユダヤ人入植地を攻撃，また，新聞を発行してこの危機を知らせた。

ユダヤ人のアハド・ハ・アムは，1891年にパレスチナから戻り「イスラエルの真実」という記事を書いた。彼は，アラブ人がすでにシオニズムの結果を恐れていると強調する。「すべてのアラブ人が砂漠の野蛮人で，自分の周りで起こりつつあることを見ていないか，あるいは理解していない，と我々は考えがちである。

［……］しかし，それは大きな誤りだ。アラブ人は，パレスチナで我々が現在やっていることや今後やるつもりでいることを見ているし，理解している。［……］もし我々が原住民の生活の場を侵食し拡大するなら，彼らは簡単に土地を明け渡さないだろう」。このロシアの作家は「精神的シオニズム」の指導者で，ヘルツルの「政治的シオニズム」と対峙した。

←「フィラスティーン」紙の売り子

ヤーファで発行された「フィラスティーン」（パレスチナのアラビア語読み）やキリスト教徒ナジーブ・ナッサールの「アル・カルマル」である。

オスマン帝国からの独立を勝ち取るために，名士たちは他のアラブ地域と協力して戦った。第一次世界大戦では，戦勝後オスマン帝国からの独立の約束を得て，メッカの太守フセインがイギリス側に立ち，反旗をひるがえした（「アラブの反乱」）。ファイサル（フセインの息子）に合流したパレスチナ人側近ムハンマド・ダルワザとアクラム・ズアイタルは，ファイサル側に寝返った「青年トルコ人」だった。これら愛国者たちは，1919年6月にダマスカスで開かれた第1回全シリア会議に出席した。彼らは，パレスチナ民族運動の最初の指導機関であるアラブ執行委員会を選出し，自らを「パレスチナのアラブ人」と称した。アラブ人でありパレスチナ人である立場をこれ以上明確に宣言したものはない。

1917年：イギリス軍のパレスチナ侵攻とバルフォア宣言

第一次世界大戦で，オスマン帝国はドイツ側についた。エジプトを発ったアレンビー

⇨トルコ軍を閲兵するオスマン帝国の総督ジェマル・パシャ（1917年，エルサレム）。

⇩ファイサルと「アラブの反乱」のパルチザン。

「奴らが望んでいるのはパレスチナを，アラブの心臓部にしてアラビア半島とアフリカをつなぐ中心の環を手に入れることだ。この環を破壊してアラブ民族を分断し，統一を阻止しようとしている。アラブ民族が一つの大地と一つの言語を持っていることに気づいた者たちよ。一つの民族を死に至らしめたいなら，言語を奪い，その土地を占領せよ」。
ハリール・アッサカーキーニー，1917年

将軍指揮下のイギリス軍は1917年10月にビール・サブーを奪取，11月にはヤーファを占領した。イギリス軍は近東での勝利はイギリス側についた「アラブの反乱」のおかげだと明言した。しかしイギリスがアラブの独立を保証したにもかかわらず，イギリス外相アーサー・バルフォアは，1917年11月２日，ロスチャイルド卿宛ての書簡で，「イギリス政府はパレスチナにユダヤ人の民族的郷土を設立することに賛成する」と約束した（P.138参照）

（P.138参照）

12月11日，イギリス軍はエルサレムに入城した。1918年にパレスチナ全域が占領され，イギリス軍の統治下に入った。

⇧イギリスのアレンビー将軍のエルサレム入城（1917年12月11日）

⇩エルサレム住民に対する宣言

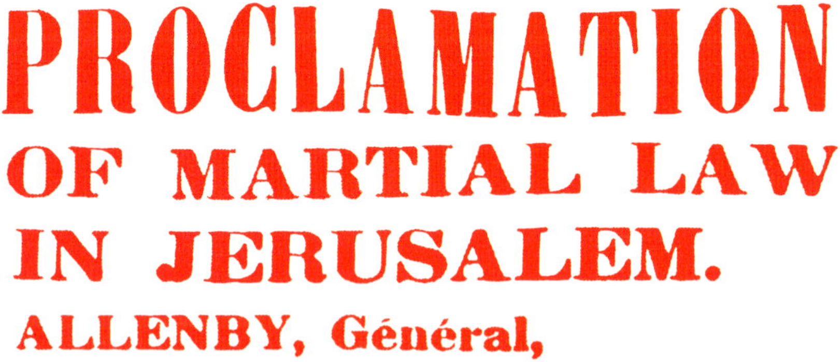

PROCLAMATION
OF MARTIAL LAW
IN JERUSALEM.
ALLENBY, Général,

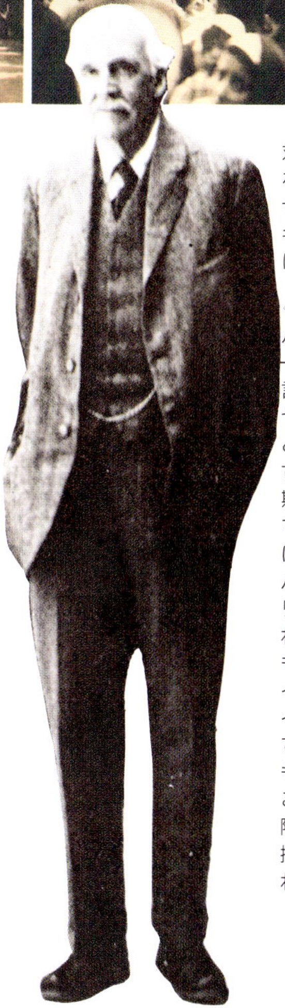

戦争はまだ終わっていなかったが，すべてのアラブ人と同様にパレスチナ人も気づいていた。独立の約束は守られないだろうと。1916年のサイクス・ピコ秘密協定（英仏によるアラブの分割案）による分割が始まろうとしていた。1920年にはファイサルがダマスカスでアラブ王国の建国を宣言したが失敗に終わる。

1919年のパリ講和会議は，この地域を分割して生まれた国々全体に委任統治をおこなうことを決定した。1920年４月のサン・レモ会議で，イギリスによるパレスチナおよびトランスヨルダンの委任統治が認められ，フランスはシリアとレバノンに対する委任統治権を手に入れた。（P.139参照）1922年７月の国際連盟による承認を経て，1923年９月29日，イギリスの委任統治が発効した。

「ある民族が別の民族に対して第三の民族の領土を正式に約束した」アーサー・ケストラーは，イギリスの態度をこのように皮肉った。

⇦アーサー・ジェイムズ・バルフォア（英外相）――1917年のバルフォア宣言は，パレスチナにユダヤ人の郷土を設立することをイギリス政府が支持すると約束している。長期にわたる秘密交渉を経てできあがったこの約束によって，シオニストはパレスチナにおけるイギリスの盟友となった。これが目指すのは，何よりもまずこの地域におけるイギリスの権益である。イギリスは，1917年にすでにパレスチナの獲得をもくろんでいたわけで，この計画は，1920年に国際連盟から委任統治権を授与されたことで追認される。

PALESTINE
INE PALESTINE
ASIDH
BRITISH EMPIRE EXHIBITION

❖「パレスチナは他に類のないケースだ。我々は，既存の共同体の願いに対処するのではなく，パレスチナに新たな共同体を意識的に再構築し，将来は数の上で多数派となる人々を確立しようというのだから」。 ……………………………バルフォア卿，1919年6月

第2章

分断されたパレスチナ

⇦⇨委任統治が始まると，オスマン帝国の州は「国」になった。新しい国境は，連合国がアラブ人におこなった独立の約束の破棄を地面に刻みつけた。パレスチナは，大英帝国にとって2つのイメージを持っていた。植民地物産展(左)の宝飾品と「現地人」との対立（右）である。

イギリスがパレスチナの命運を握った

パレスチナに対するイギリスの政策は，従来どおりの植民地主義的統治だった。委任統治という過渡的段階が過ぎても，パレスチナ人に独立の可能性はないのだ。ユダヤ人入植者に対するイギリスの行動はより複雑である。イギリスの政府と社会は，ユダヤ人国家の創設に概して好意的だった。ユダヤ人共同体の発展（彼らの聖地への「帰還」）をこの地域の領域支配に利用しようとする人々の利害とこの傾向は一致した。イギリスは，委任統治条約の二面性を生かして，公正な審判員として振る舞いながら，被保護者たるシオニストをある時は仲間としてまたある時はコントロールのきかない者として扱った。シオニズムは特異な運動だったから，「コントロールがきかない」のは一面

DER JUDEN STAAT.

THEODOR HERZL

⇦テオドール・ヘルツル——彼はオーストリアの新聞にドレフュス事件の膨大な記事を書いた後に確信した。ユダヤ人はひとつの民族であって，ひとつの信仰によって結ばれた共同体ではないが，同化は不可能である。パレスチナに「ユダヤ人国家」を作ることが解決策である。1896年，彼は『ユダヤ人国家』を出版した。これが，彼の闘争の第一歩だった。オスマン，ロシア，ドイツ，イギリスといった列強も当初は煮え切らない態度を取っており，ユダヤ人社会内部にも意見の対立があった。ヘルツルは1897年にシオニズム運動を起こし，バーゼルで開催された第1回世界シオニスト会議で自分の主張を披露した。パレスチナ人はこの計画が，自分たちをまとめて祖国から追い出した後，これに代わってユダヤ人の国を作る計画であることに気づいていた。

の真実でもある。

シオニズムとは，「約束の土地」を回復し，ユダヤ人を再結集して，ユダヤ人だけの国家を創設することにより，「ユダヤ人問題」を解決しようという考えである。運動の創設者たちは，虐殺とポグロムを目の当たりにして，ユダヤ人の他民族への同化は幻想だと確信するに至った。シオニズムの成否は，パレスチナ人を別の土地に移すことにかかっていた。

シリア，レバノン，イラクでは，アラブ人が植民地権力と１対１で向き合っていた。パレスチナでは，一方ではイギリスと，他方ではシオニスト運動と対立していた。２つのレジスタンスを結びつけることは，あまりにも抑圧されていた彼らには不可能だった。

⇦イギリスの委任統治時代に発行された切手――1920年７月，イギリスの初代高等弁務官ハーバート・サミュエルがパレスチナの地を踏んだ。その後1948年まで，６人が「パレスチナ政府」の長としてこの地に来た。この「政府」は，中枢こそイギリスの植民地官吏が握っていたが，構成員のほとんどはユダヤ人とパレスチナ人であった。

⇧壁で囲まれた入植地——シオニストは，土地を守り，それまでの占有者を中に入れないようにするため，手に入れた入植地を壁で囲んだ。オスマン帝国末期の土地改革の際に有力者が農民の土地を農民ではなく，自分の名前で登記したことが，大問題を引き起こした。たとえば，古くからのレバノン人徴税請負人スルスク家がマルジュ・イブン・アーミルの26万6500ドヌムの土地をユダヤ人に譲渡した（1921年～1925年）ため，1746家族が住む22村の所有権が奪われた（P.142参照）。

強制退去政策

ユダヤ人がパレスチナ人の土地を獲得するため，様々な土地開発機関が設立された。1901年創立の「ユダヤ民族基金」の役割は，ユダヤ人がこの地に移民する前に土地を買い上げ，アラブ人に譲渡不可能な土地にして，ユダヤ人労働者によってのみ耕作されるようにすることであった。優良な土地が好んで購入されたが，質が悪くてもおかまいなしであった。購入には一定の条件がつけられた。契約は「売却主への支払い前に，購入物件からすべての農民を立ち退かせ，今後一切の要求を放棄することを約束させるという条件でおこなう」というものである。

委任統治期のユダヤ人所有者の土地は，その約18.7%がユダヤ人地主から購入したもの，10%は国有地

をイギリスから99年間の約束で租借したもの，40%はパレスチナ人以外のアラブ人（レバノン人およびシリア人）地主から購入したものである。残りの32%は，パレスチナ人不在地主か貧農から購入された。1948年，ユダヤ人の全所有地は173万4000ドヌム（約17万3400ha）に達したが，これは全土の面積2632万3023ドヌムの6.58%でしかなかった。

離散者の帰還

イギリスは自国の利益に沿ってユダヤ人移民の数量を割当て，これを規制し，取り締まり，ときには奨励した。ユダヤ人は無制限の移民を求め，一方でパレスチナ人は移民の阻止およびシオニストへの土地売却の禁止を求めた。委任統治下で，こうした問題が次から次へと起こった。1948年，約140万のパレスチナ人

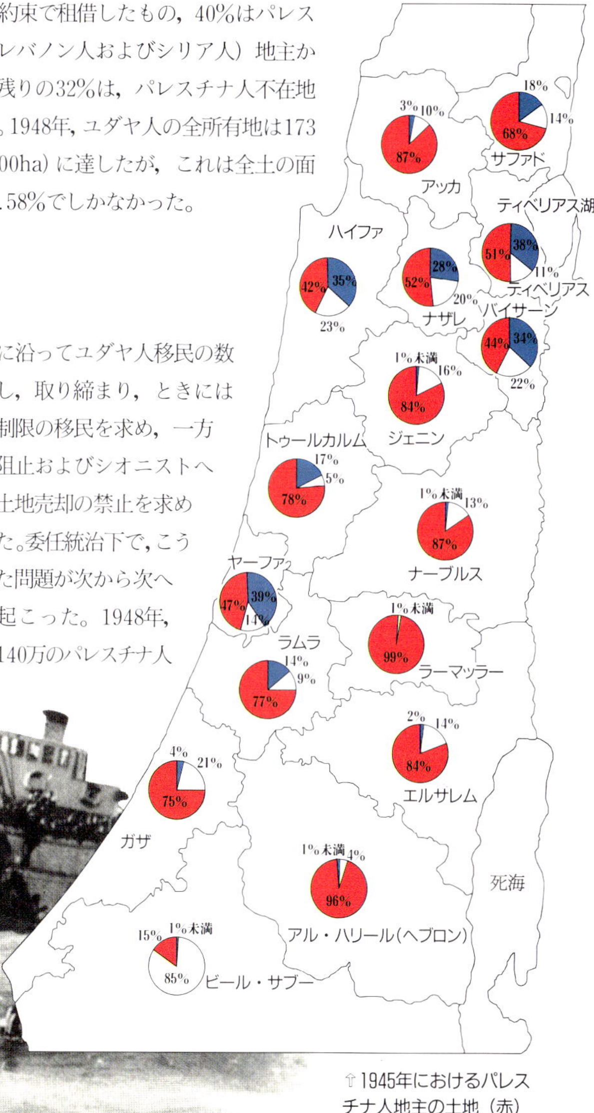

⇧1945年におけるパレスチナ人地主の土地（赤）とシオニスト地主の土地（青）の割合。
⇦ユダヤ人の不法移住。

に対して，パレスチナのユダヤ人社会には60万の人口がいた（うちパレスチナ以外で出生した者は46万3000人)。ナチズムの台頭から戦争勃発までの期間に，ユダヤ人移民の流入は最高潮に達した。1933年から1939年までに，20万4000人の移民が到着した。

しかし，土地の購入と移民だけでは，シオニズムの計画達成には不充分である。武力行使への転換が不可避となった。

委任統治，絶え間ない武力衝突

1936～1939年にパレスチナ人による対英，対ユダヤ人の大蜂起が起こるが，それ以前も，平穏な時期はほとんどなかった。政治が生活に色濃く影を落とし，デモ，ストライキ，集会が絶え間なく続いた。暴力沙汰もあった。ユダヤ人入植地への攻撃，暴動，ゼネスト，軍隊とのこぜり合い，三者それぞれの弔い合戦，それらの後には，決まって王立調査委員会が派遣された。

多くの事件が1936年からのパレスチナ人の蜂起を予言していた。ユダヤ人入植者宛ての武器の船荷が発見され，強制退去させられ

⇩英文の『パレスチナ』号外の見出し（1923年）──バルフォア卿のパレスチナ訪問を受けて，今度はパレスチナ人がドレフュス事件当時に文豪ゾラがユダヤ人ドレフュスを擁護するために述べた「我，糾弾す」を叫んだ。

Prop. and Responsible Editor

I. D. Elissa

فلسطين

La Palestine

Jaffa, March 25th, 192

Wednesday

A Special Edition in English issued on the occasion of the visit to Palestine of LORD BALFOUR.

たパレスチナ農民が大都市周辺に集まり，ユダヤ人の大量の移住を前にして緊張が高まっていた。高等弁務官に対する合法的な政治的要求がすべて却下された後にアラブ人の党派や組織が結成された。一方，隣国シリアではゼネストによってフランス人から租界を取り戻して熱狂に包まれていた。そして，ヤーバドで倒れたイッズ･アッディーン･アルカッサームに率いられた非合法の小グループが1935年11月に武力闘争を宣言するのだ。

↗エルサレムにおけるイギリス軍とパレスチナ人の衝突。

⇦（P.42）イッズ･アッディーン・アルカッサームとアミーン・アルフサイニー（下）──アルカッサームとパレスチナのムフティー（イスラム教の法学権威者）にして統一行動の指揮者アミーン・アルフサイニーは，委任統治下のパレスチナの国民的英雄である。アルカッサームは，武装闘争の開始から数週間後に落命したが，彼のもとから生まれたゲリラ組織の指導者たちを通じて，死後も大きな影響力を持ち続けた。アミーン・アルフサイニーは，1937年以降国外追放された。独善的な権力観の持ち主で，一時はナチス・ドイツに接近するなどの問題点はあったが，それでもこの時期の一番重要な指導者であった（P.145参照）。

1936～1939年の間に，地域，分野別の衝突が融合し，全国的な蜂起となった。この時の統一行動は，パレスチナ民族運動の端緒として記憶されることになる。

1936年4月21日～10月11日のストライキ

4月21日，ヤーファのパレスチナ人がストライキの始まりを全国に宣言した（P.147参照）。翌日，パレスチナのほとんどすべての都市･村落がスト委員会の構成員になった。「アラブ最高委員会」がここに結成され，5月7日，諸委

員会を統括する国民会議が開かれた。エルサレムのムフティーであるアミーン・アルフサイニーが議長を務めた。22都市およびその近郊の代表150人が，移民の停止，土地売却の禁止，独立の勅許などの要求を表明したが，当局は，抑圧の強化をもってこれに応えた。

パレスチナ人は，次々に領域を広げて国家そのものをボイコットし始めた。納税拒否闘争から始まり，輸送業全般，港湾，教育，弁護士業，商工会議所，医療，ベドウィンの行政，監獄，イスラム教およびキリスト教の宗教機関を巻き込み，政府に勤務する1200人のアラブ人官吏へと広がった。

5月初め以降，ストは武力衝突に発展するようになった。イギリスは間髪入れずに反撃，6月18日ヤーファで弾圧は頂点に達した。この古い街は，住人の強制退去の後，エジプトから派遣された工兵隊によって徹底的に破壊された。破壊は，都市化と公衆衛生のためと正当化された。

それでもイギリスは，王立調査委員会を派遣してアラブ側の陳情を検討すると発表した。アラブ側でも，「親英派」の首長や王族が仲介に入り，将来はより公平な政策がとられるとパレスチナ人に請け合った。「イギリスも理解してくれたから

⇦古都ヤーファの住人は，1936年6月18日のイギリスによる破壊の前に強制退去させられた（左はアマチュア・カメラマンのフィルムに残されていた爆破の瞬間）。

(P.45)ピール委員会のメンバー(1936年)──イギリスは，パレスチナの平和維持を国際連盟からまかせられている立場上，ユダヤ人の不正行為に対する自らの「公明正大」さをパレスチナ世論に示そうとして，事態が悪化してから王立調査委員会を派遣した。

⇧エルサレムにおけるパレスチナ女性たちのデモ（1936年）――女性たちは組織的抵抗の最初から民族運動に参加していた。最初の会議は1929年に開催された（P.143参照）。

……」と。そしてこのままでは前とおなじ弾圧が起こると警告した。イギリス植民地から派遣される部隊が続々と到着していた。パレスチナ指導部は軟化し，ストを中断した。

174日に及ぶボイコットは国中を揺るがした。6ヶ月のあいだ，パレスチナ人は自らの力と矛盾，自分たちの特殊な社会形態，比類なき時代を味わった。一方ではそれは，植民地支配からの解放を予知するものでもあった。そしてシオニズム運動の側は，そのことにはっきりと気付いていた。1936年にハガナ（シオニストの軍事組織）が軍隊として再編され始め，アラブ人との混合居住地域は消えていった。

ピール委員会と最初の分割案の失敗

1937年7月7日，ピール委員会はパレスチナ分割を提案した。国土の33%を占めるユダヤ人国家（ハイファ，ガリラヤ，北アシュドゥードの海岸平野を含む)，トランスヨルダンを含むアラブ国家，エルサレムを含む委任統治地域，という３分割案である。ユダヤ人国家内のパレスチナ人の一部が強制移住させられることを勘定に入れた計画だった。

シオニストはこの提案を好意的に受け止めたが，割り当て地域には不満を表明した。パレスチナ人は提案をはねつけた。1937年９月以降，パレスチナ人（指導部はアラブ最高委員会に代わってアラブ高等委員会）と植民地軍との間に戦争が勃発寸前となる危機が訪れた。

⇧寄付を受けるためにパレスチナ人が発行した切手。

⇩パレスチナゲリラ――警察の日誌にある「トラブル」の件数は，1936年６～12月は2682件，1937年は841件，1938年は5740件，1939年１～４月は1552件である。1937～1938年から，パレスチナ人は，村落部の一帯を占拠して法廷を設置した。

ゲリラ組織の席捲

1938年９月以降アラブ高等委員会が非合法化され，ムフティーがレバノンに亡命したが，国土の大半で「ギャング」（イギリス軍司令部はパレスチナ人の反乱勢力をこう呼んだ）が主導権を握った。

パレスチナ人の戦闘形態は昔ながらのものである。各地の防衛は

その共同体が担っていた。一方，小編成のゲリラ部隊は，土地の村人から食糧と歓待を受けながら常に移動していた。ゲリラ部隊は共同体の防衛隊と手を結び，安全な場所を確保する。そこでは民族的な，「家族的な」連帯から，住民がゲリラ部隊に強力な援助の手を差し伸べてくれる。軍務が終わると住民は村に帰り，戦闘の中核グループは再び旅を続けるのだ（P.152参照）。

アラブ民族の中では，政治的な連帯と相互の団結が飛躍的に高まり，運動の規模は拡大し，1938年8月以降の一時は都市の支配権を握るほどになった。だが大英帝国は，パレスチナから一度完全に撤退してから再征服する，という作戦をとった。1938年10月，数千人のイギリス兵が758の村を再占領した。権力機関は復活したが，一触即発の状況だった。ことここに到ってイギリスは，パレスチナの将来を話し合うためのアラブ人とユダヤ人の会議をロンドンで開催することを発表したのである。

⇧⇦⇩アブド・アルラヒーム・アルハーッジュ・ムハンマド（上），ファウズィー・アルカウークジー（左），アブー・ディイー（下）──ゲリラ隊長には3つの「タイプ」がある。1番目のタイプは都市の有力者，2番目はパレスチナで戦うために来たアラブ義勇軍のリーダーの軍人，3番目は普通の農夫，である。

パレスチナ指導部の行き詰まり

パレスチナ陣営は大きな敗北を喫したが，再び蜂起する力は残っていた。それでも彼らは待機主義の戦略を選んだ。パレスチナ指導部は，自らの成功に驚きつつも，お決まりの内部抗争にとらわれて，現状凍結の道を選んだ。彼らは人民ほどには独立を望んでいなかったのである。

「我々は，巨大な組織に立ち向かっている。この組織は，レバノン，シリア，トランスヨルダン，イラク，その他に根を張っている。背後には底知れない基盤を持ち，国境を越えて武器，弾薬，兵士の補給を定期的に受けている。独自の村落台帳には，パルチザンの名と徴収する税のリストがある。部隊は13に分かれ，それぞれ決まった地域で展開している。情け容赦なく攻撃し，片時も休むことがない」。
チャールズ・ティガート

反ゲリラ戦争のスペシャリストであるチャールズ・ティガートは，ダビッド・ペトリと共に，蜂起を弾圧する任務を負っていた。1936〜39年の間に，4000人のパレスチナ人が絞首刑にされ，あるいは撃ち殺された。だが，サウラ（「革命」）はよく持ちこたえ，抵抗とユーモアを示した。ストの100日目，スープ皿をかぶった子どもたちがイギリス兵に「扮装」し，イギリス軍のバリケードのそばで身体検査のまねをした（上左）。上右の写真は，パレスチナ住民の身体検査。下は，イギリスの装甲車。

⇦パレスチナ人を収容する強制収容所（左）とパレスチナ人捕虜

⇘マクドナルド白書――ロンドン会議が失敗に終わった後，イギリスは，当時の植民地相マクドナルドによる「マクドナルド白書」を発表した。「白書」は，パレスチナ人の土地に対する権利を保護することを約束し，シオニストの移民を制限する内容だった。

イギリス当局の戦略：弾圧と解決の約束

戒厳令，夜間外出の禁止，政治犯の強制収容所への収容，連座制により住居をダイナマイト爆破（1938年５～９月に5000軒の家屋が破壊された），北部国境線に高圧電流を流してレバノンやシリアからの武器の流入を抑える。これらすべてが解決への動きを妨げた。1938年11月に発表されたウッドヘッド報告書は，ピール委員会のパレスチナ分割案の破棄を決定づけた。しかし，1939年２月に召集されたロンドン会議は失敗に終わった。結論を出さねばならなかった。ヨーロッパでは第二次世界大戦が迫っていたのである。

1939年5月，イギリスは，この国の将来についてある政策を一方的に公布することに決めた。

遅すぎたマクドナルド白書

39年の「白書」は，委任統治政策を初めて大きく手直しした。その内容は，10年以内にパレスチナ国家を独立させ，それより5年間のユダヤ人移民は年間1万5000人に限り，その後はアラブ人の同意がなければ移民は許可されない。「白書」の1年後にパレスチナ人の土地所有権を保護する「土地販売規制法」を制定する，というものだった。

PALESTINE

Statement of Policy

しかし，彼らの方針変更は遅すぎた。第二次大戦が，新たな手ごわいライバルをこのゲームに参加させた。アメリカの登場である。パレスチナ人は窮地に追い込まれた。マクドナルド白書により独立を約束されながらそれを実現できない。シオニストは新たな同盟者アメリカが昔ながらの保護者イギリスに対して決定的な影響力を持つことに気付いた。

「我々はアメリカに向かう」

1942年5月9日から11日まで，ニューヨークのビルトモア・ホテルで会議が開かれた（ビルトモア会議）。パレスチナにおけるシオニスト運動の二大指導者であるハイム・ワイツマン

ヘイクラフト，ピール，ムリソン，ホープ・シンプソンの代表者名を冠したピール王立調査委員会は，後に政治的な結論と提言を公表した。報告書には，この地域でおこなった調査の詳細と，時代ごとのイギリスの政策ヴィジョンの仔細な分析，そして特に，両陣営の政治，宗教，アカデミズム，財界に属する人々に対する長時間の聞き取り調査の全文がそのまま載せられた。この原本は，この時代の歴史を知る上で欠かせない資料となっている（P.148参照）。

とダビッド・ベングリオンをはじめ運動の代表者67名，そしてアメリカのユダヤ人団体のメンバー600名が一堂に会した。そこで発表された「ビルトモア綱領」で，彼らは「白書」を拒否した。そして，無制限の移民，「ユダヤ人機関」による移民の管理，「ユダヤ人国家」建設のために必要な権限を「ユダヤ人機関」に与えることを要求した。

この新たな方針は合衆国が覇権を握るというベングリオンの戦後分析から生まれた。今や，最重要なのはアメリカのユダヤ人社会であり，これと一体化することによってより大きな援助が期待できる。イスラエルの建国という理念をアメリカ人の集団的無意識の中に浸透させて，イスラエル建国を合衆国建国と重ね合わせて想起させるのだ。これが新政策の屋台骨である。

シオニストは政府創設をめざす

「土地販売規制法」の意図は，ねじ曲げられていった。ナチズムを逃れたユダヤ人難民の受け入れを連合国が拒否したため，ますます不法移民が増加した。さらに，「ハガナ」およびシオニストの２つの分派「シュテルン」や「イルグン」による武力攻撃が頻繁になった。

パレスチナ陣営はといえば，1939年の敗北から立ち直っていなかった。アルフサイニーはナチス・ドイツ頼みであり，パレスチナ社会は亡命先と現地でばらばらになった指導部と，イギリスが運命を決めてくれるのではないかという非現実的な期待に引き裂かれて，崩壊と分裂の危機にあった。こうした状況を見て地方の族長たちは再び勢いづき，民族運動は停滞した。日和見主義と分裂状態がこの地を覆っていた。

第二次大戦末期のアメリカの登場

アメリカがナチの犠牲者のユダヤ人たちと連帯した裏には，

⇦ビルトモア会議の演壇上のハイム・ワイツマン──1901年から1942年までにパレスチナのシオニスト諸機関に寄せられた援助は，総額6900万ドル。1943年から1948年の期間の援助額は，2億7500万ドルに達した。

「私は，ウィンストン・チャーチルの賢明な指揮のもとに進められるイギリス人民の勇敢なる闘いを賞賛するものである。［……］しかしながら，今や私は確信した。我々が力を尽くすべき主たる場は，パレスチナを除けば，もはやイギリスではなくアメリカだということを」。
ダビッド・ベングリオン
ユダヤオブザーバーと中東レビュー，1964年

⇦押収されたシオニストの武器──イギリスは，隠匿された武器を捜索するため，シオニストの家の手入れをおこなった。押収が成果を挙げることもあったが，ほとんどの場合は軽微な罰を課するにとどまり，ただ世界中のイギリス批判の声を高めただけであった。

必ずしも人道主義とは言えない計算があった。スターリンのソ連と対峙する冷戦が生まれつつあり，こうした状況ゆえに，アメリカは，戦略的に重要で石油資源に富むこの地域に入植する熱狂的なユダヤ人たちに，救いの手を差し伸べた。

第二次大戦後間もない1945年10月19日，この強大な同盟者にせかされて，イギリスはヨーロッパのユダヤ人問題を研究するための英米調査委員会を設置した。トルーマン大統領はパレスチナを調査の中心に据えることを強く求めた。委員会は46年にパレスチナに入り，10万人のユダヤ人難民の即時受け入れと「土地販売規制法」の破棄を勧告した。7月，委員会は連邦制による解決策を提示したが，アラブ人もユダヤ人も即座にこれを拒絶した。トルーマンは自ら責を負って，10万人分のユダヤ人のビザの発給を受け入れたが，この件を利用して，ビザの発給に難色を示すイギリスを執拗に非難した。

国連で可決されたパレスチナの新たな分割案

一方，パレスチナには不法移民があふれた。ユダヤ人は，ナチの蛮行に苦しめられたヨーロッパに，もはや戻りたいとは思わなかった。シオニストグループの暴力は日常的なことになった。テロの頂点をなすのは，1946年7月22日の事件である。イギリスの委任統治政府が置かれていたエルサレムの「ダビデ王ホテル」がプラスチック爆弾で爆

⇧1947年7月の「エグゾダス」事件――この出来事は「ダビデ王ホテル」の爆発事件（左）の1年後におこった。公けの権力機関がテロリストの攻撃を受けたイギリスは，一方では，ユダヤ人の難民船を押し返すことで，ナチの強制収容所を生き延びた移民たちの苦しみをわかろうとしないと糾弾され，パレスチナでの立場を悪化させた。

⇨国連総会で採択されたパレスチナ分割案。オレンジ色はパレスチナ人国家，黄色はユダヤ人国家，ベージュ色は国際管理地区（エルサレム）。

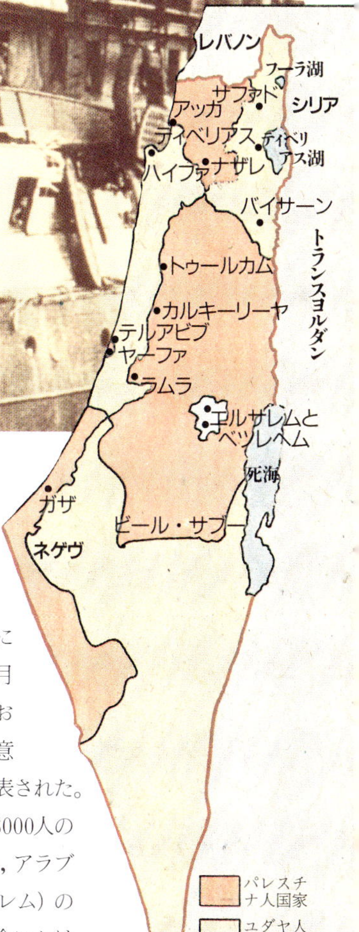

破され，死者が91名にのぼったのだ。1947年2月18日，英外相ベビン卿は，イギリス政府がパレスチナ問題を国連に移管すると発表した。

1947年4月28日，パレスチナ問題に関する国連特別総会が開かれ，特別委員会として「パレスチナに関する国連特別委員会」(UNSCOP)を設置した。6月14～15日にパレスチナ入りした委員たちは，36回におよぶ審問をおこない，8月31日，UNSCOPの多数派意見として，パレスチナ分割を勧告する最終報告が発表された。ユダヤ人国家(56.5%の土地に，多数派として49万8000人のユダヤ人，少数派のアラブ人40万7000人が居住する)，アラブ人国家（43%の土地），国連の信託統治地区（エルサレム）の3分割案である。1947年11月29日，この分割案は総会にかけられ，賛成33，反対13，棄権10で採択された。

❖「我々は，この土地には 2 つの民族を受け入れる余地がないことをはっきりさせておかねばならない。アラブ人を近隣のアラブ諸国へ移住させるしか道はない。行き先はシリアかイラク，トランスヨルダンでもいい」。

……………………………Y．ワイツ（ユダヤ民族土地開発基金総裁）1940年12月19日

第 3 章

むさぼり食われた領土

⇦⇨土地を離れゆく人々──パレスチナ国家は地図からも消え去った。パレスチナ人にとっては，不在の時代の始まりである。

国連の分割決議以前から，パレスチナ全土で対立がくすぶっていた。1947年10月7日，アラブ諸国政府はレバノンのアーリヤで会合を開き，予測されるあらゆる事態に備えるよう呼びかけた。12月以降，アラブ高等委員会は，パレスチナの都市および農村を構成員とする275の防衛委員会を組織した。ユダヤ側では，ハガナが11月30日から予備役兵を召集した。

アメリカ代表は国連安全保障理事会に分割の停止を要求した

1948年3月19日，紛争の激化を見たアメリカは，流血を止めようとして，国連に対し1947年の分割案の停止を求め，信託統治領とすることを提案した。

アメリカの豹変の背景には，ソ連の暗躍もあった。実際，イギリスがもはや引き伸ばし作戦で抵抗するだけなのに対し，ソ連はシオニズム運動に軍備を提供し，首尾一貫して国連の分割決議案を支持しつづけた。ソ連はこれまでの政策の果実を受け取りたいと強く要求していた。憂慮したアメリカ国務省とペンタゴンは，政府に対して「国内にばかり目を向けるな」「外交政

策を国内問題から切り離せ」と要求した。さもなければアメリカは「アラブを失い」，「共産主義の赤い脅威」に対して「防疫警戒線」を築く計画が失敗してしまう，このような事態はなんとしても避けねばならない，というのだ。アメリカ政府は，パレスチナの内乱の拡大を憂慮し，内政からの圧力を受けて，一旦は信託統治を提案する。しかし，トルーマン大統領は，ワイツマンに迫られると，この案を取り下げてしまった。この時期，アメリカの方針は二転三転する。

1948年4月1日国連は停戦を決議した

同月4日ハガナは第一次パレスチナ戦争を引き起こした。

「世界のカレンダーは我々のカレンダーとずれている」。ベングリオンは，アメリカの提案に対して即座に反発した。1948年4月1日，安全保障理事会は，信託統治について討議するために総会を招集し，アメリカが提案した停戦案を採択した。シオニズム運動の運命をつかさどるユダヤ人機関とアラブ高等委員会の交渉の場を作り出すための停戦である。パレスチナ人はこの提案を受け入れた。

しかし，3月6日以来総動員令を発していたハガナ

⇦国連決議に抗議するカイロの民衆（左頁）──エジプト人は通りを埋め尽くし，政府に対して，パレスチナの「恥ずべき結末」を阻止するための介入を求めた。一方，ユダヤ人は分割の発表を聞いて喜びを表し（中央），パレスチナ人は怒りを爆発させた（上はエルサレム）。

は，1948年4月4日「ダーレット計画」を発動した。「ダーレット」は，ハガナ幹部が入念に作り上げたパレスチナ征服作戦のコードネームである。かくして第一次パレスチナ戦争は4月に始まった。ほとんどすべての歴史研究書で主張される5月15日のアラブ軍の侵攻により戦争が始まったのではない（訳注：一般にこの戦争は5月15日から始まったとされ，第一次中東戦争などいくつかの名で呼ばれる）。

1618人のパレスチナ正規軍（2830人のアラブ義勇軍がこれに加わった）に対するは，ハガナのメンバー12万1110人。13回に及ぶイスラエル側の大攻勢のうち8回の決戦はアラブ人国家になるはずの領土でおこなわれ，パレスチナ側の敗北に終わった。

第一次イスラエル・アラブ戦争と第二次パレスチナ戦争

⇦パレスチナ人（左下）とユダヤ人（右上）の兵士──。不釣合いなのは兵士の数だけではない。チェコスロバキアとシオニストとの当時の契約書1通だけを見ても，小銃2万4500丁，軽機関銃5000丁，重機関銃200丁，弾丸5400万発，戦闘機25機が提供されている。

パレスチナ人が敗北し，国連の1947年の分割案がユダヤ人に割り当てた領土の大半をイスラエル軍が獲得したことが，1948年5月15日にアラブ軍がパレスチナに侵攻した原因である。1万3876人が，シリア，イラク，トランスヨルダン，エジプト，レバノンの兵力として登録された。このアラブ兵たちは，5月15日にパレスチナ国境を越えて領土奪還にやって来たが，その土地を守りきることはできなかった。

第一次パレスチナ戦争と第一次イスラエル・アラブ戦争を同一視することには，ある作為がある。両者を意識的に混同することで，ユダヤ人がパレスチナ人を追放したのではなく，アラブ人のパレスチナ侵攻に対するユダヤ人の防衛戦争の結果としてパレスチナ人の強制退去がおこなわれたとすることができるのだ。この2つの戦争を混同すれば，ユダヤ人が攻撃を受けた側に見える。だが戦争は2つあったのだ。5月15日，アラブ軍が参戦した日，パレスチナはすでにイスラエル人によって征服されていた。パレスチナ人は1万4813人の死者を大地に残して，すでに難民となっていたのである。以下，パレスチナ難民がどのように生まれたかをみてみよう。

「パレスチナに安全はなく社会秩序は混乱している，シオニズムの攻撃のために難民が発生した，［……］アラブ各国政府には自らの領土の秩序を維持する責任がある，［……］それゆえアラブ各国政府は，パレスチナ紛争に，自国領土の平和と秩序に対する脅威があると判断する」。
1948年5月15日にラジオで放送された，アラブ諸国の参戦を告知する公式発表（抜粋）

カスタルの戦いとデイル・ヤーシーンの虐殺

カスタルは，エルサレム近郊の戦略上重要な村で，占領，再占領が繰り返された。アラブ側がカスタルを占領した直後，隊長アブド・アルカーディル・フサイニー（10年間の亡命生活の後，レジスタンスの指揮を執るためにパレスチナに潜入していた）が戦死した。1948年4月8日には，ハガナがフサイニーの部下たちを攻撃し，カスタルを奪還した。

デイル・ヤーシーン村の小学校教師ハヤート・バルビーシーは，虐殺の犠牲者のひとりである。事件の写真は，現在まで1枚も発見されていない。事件を批判された虐殺の張本人で，イルグンの指導者であるM.ベギンは，この「攻撃」当時の指導者ベングリオンに責任をおしつけた。ベングリオンは，1948年に亡くなるまでこれを否定し続けた。

このアラブの敗北の夜，カスタル近くのデイル・ヤーシーン村で，子どもを含む254人がイルグンとシュテルンの一団に虐殺された。デイル・ヤーシーンに戦略上の重要性は皆無であり，村長は近隣のユダヤ人入植地であるキヴァト・シャウルと不可侵協定を結んだばかりであった。カスタルの陥落と無辜の民間人の虐殺は一組のもので，これはイスラエルによる戦略上の見せしめであった。

デイル・ヤーシーンは一つの村に過ぎないが，すべてのデイル・ヤーシーンが虐殺されたも同然なのである。この事件に込められたメッセージは，パレスチナ人に彼らを待ちうける危険の大きさを教えることだった。戦争が続く限りこうした虐殺が無限に繰り返されるだろう。この地域から出て行かない限りは。

「出て行け，さもなければ死ね!」

デイル・ヤーシーンでユダヤ人側の発想は転換し，住民を一掃する作戦が飛躍的に増えた。パレスチナ人には殺されないために出て行くという選択しか残されていなかった。デイル・ヤーシーンの住民は，村にいたから，出て行かなかったから，殺されたのだ。イルグンの虐殺者たちは，不在だけが死から逃れる道であることを思いしらせた。5月15日以前の衝突でシュテルンやイルグンのみならずユダヤ人の全軍が倦むことなく繰り返した戦術は，パレスチナ人が居住する都市を大人数の部隊で包囲し，陥落した後に敗者に対して出てゆくか死かの選択を突きつける，というものだった。

⇩アブド・アルカーディル・フサイニー――フサイニーはカスタルの戦いで戦死したアラブの英雄である。彼の部下たちは，エルサレムに埋葬するためになきがらを持ち帰った（中央）。

「[アラブ軍から]我々に残された選択肢は3つ。イラクに逃げ込むか，自決するか，ここで戦死するか，だ。」
フサイニーが妻に宛てた最後の手紙の一部

⇦⇨パレスチナ人の強制退去――強制退去の様子をうつした映像資料は，非常に少ない。街道や港で撮影された幾枚かの写真があるだけである。あるアマチュア写真家は，一列になってハイファから追い出される男たちに，ハガナのジープがぴったり張り付いているところを撮影した（左および右)。無数のパレスチナ人が海を渡って逃げた（下)。

住民が自ら明け渡した場所はほとんどない

戦火が迫ると，村の住人は戦闘能力のない者を避難させた。避難場所は戦列の後方のより安全な場所か隣村である。戦闘員は抵抗むなしくほとんどの場合は敗北を喫した。が，やがて，以前は避難場所だったところに彼らが逃げ込むと，今度はそこが前線になるのだ。

最初の村の戦闘員が敗れると非戦闘員のあいだにパニックが起こり，村民全員が浮き足立って２番目の村に逃げ込み，２番目の村の非戦闘員と共に３番目の村に逃げ場を求める。２番目の村の戦闘員だけが，防衛隊として残される。逃げるたびに，敵の戦力は水増しして報告される。劣勢のニュースがパレスチナ全土を覆い，パニックがふくれ上った。

海に押し出されてパレスチナ人は難民になった

こうした状況は，複数の地域で同時に展開した。最後の避難先である各地の海岸沿いの都市が人であふれ，戦闘もまたそこに集中していった。都市が陥落すると，ユダヤ人の大軍が，一挙に，一方向から進入して退去を強制した。国境へ向かう道だけは閉鎖されていない。このことを信じさせる「うわさ」をハガナのラジオ放送が巧妙に広めた。

1948年５月，約140万人のパレスチナ人のうち，11万2000

人が「イスラエル国」内にとどまり，42万3000人がパレスチナを追われてガザやトランスヨルダンに移住し，85万4000人が71の難民キャンプで避難生活を始めた。

1948年以来の歴史的論争がある。アラブ高等委員会の指示を受けてパレスチナ人は「自発的な退去」をおこなった，とイスラエルは公式見解を示し，これに反論する人は，アラブの放送などなかった，人々は集団で強制退去させられた，という。パレスチナ人は，強制退去を自分たちが被った最初の不正義と考えて，その結果を被り続けている，という。この問題は，今日に至ってようやく解明に手がつけられた。特に注目すべきは，ベニー・モリス，トム・セゲヴ，シムハ・フラパンといった歴史家が，1948年の事態を勇気をもって研究し始めたことだ。

イスラエルの誕生とアラブ軍の敗北

1948年5月14日，イスラエルの建国が宣言された。新国家をまっ先に承認したのはアメリカである。5月15日，最後のイギリス高等弁務官がパレスチナを後にした。国連がアラブ軍とイスラエル軍に締結させた停戦協定によって一時中断した戦闘が，7月8日には再び始まった。9月17日には，スウェーデン人で国連調停官のフォルケ・ベルナドッテが，シュテルンの首領イツハク・シャミルの命により暗殺された。その前日，ベルナドッテは，パレスチナ難民の帰還を含む，解決の草案を公表していた。この措置は国連決議第194号に採用され，イスラエルは1949年5月11日にこれを受諾することになる。イスラエルの国連参加を認める国連決議第273号の条件の1つだったからである。1950年1月24日，トランスヨルダン国王アブドゥッラーは，ヨルダン川西岸地区と東エルサレムを併合し，自国の利益を優先させた。そしてついに，1949年2月24日から7月26日までの間，敗北したアラブ軍は次々にイスラエルと休戦協定を締結したのだ（2月にエジプト，3月にレバノン，4月にヨルダン，7月にシリア）。

1948年5月14日午前6時，イギリスの委任統治が廃止された。午前6時1分，ダビッド・ベングリオンが正式にイスラエル建国を宣言(上)。午前6時11分，アメリカの承認が伝えられる。同じ日，最後のイギリス高等弁務官アラン・カニングハムがパレスチナを去った。最後のイギリス軍が出て行く時，最後のユニオン・ジャックが掲揚された(上左)。

1949年12月8日国連がUNRWAを設立

UNRWA(国連パレスチナ難民救済事業機関）の任務は，難民問題の総監督である。活動が始まったのは，ようやく1950年5月になってからだった。

この時点で，台帳に記録のあるパレスチナ人は149万1200人(うち91万4221人は難民)，この数字はさまざまな人口調査を考慮に入れたものである。地域ごとの内訳は，ガザに24万300人，ヨルダン川西岸に76万4900人，イスラエルに16万700人，他のアラブ諸国に32万2000人。3300人はそれ以外の場所にいた。

⇦国連調停官フォルケ・ベルナドッテ──暗殺の3ヶ月前に，彼は，国連が決議したアラブ人国家とユダヤ人国家にトランスヨルダンを加えた連邦を勧告していた。彼はまた，ユダヤ人が自治を享受していたエルサレムをアラブ国家の一部とし，ハイファおよびヤーファの港，テル・ア・ビブのロッド空港は自由貿易地域(無税で貨物の受入れ・貯蔵ができる）とすることを想定していた。

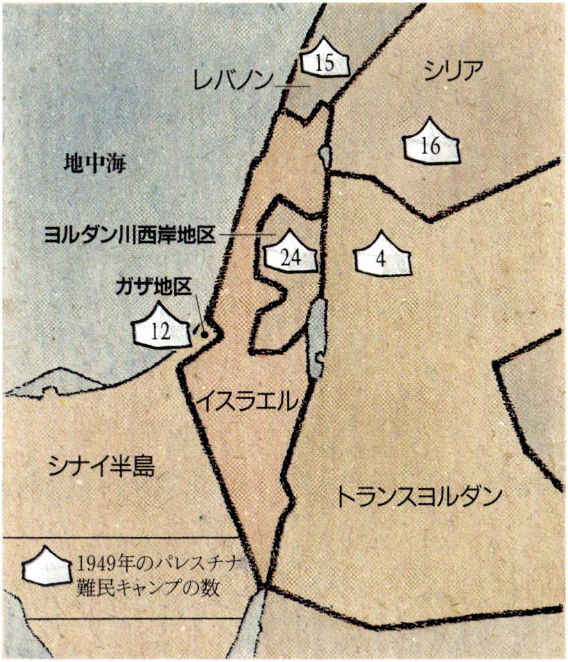

最初のパレスチナ難民は，避難生活が一時的なものと信じて，国境のすぐ外側に住みついた。季節は春で穏やかな気候だった。そのうち人数がおびただしく増加し，物資も不足した，戸外での非常につらい生活をいとなむことになった。なかにはレバノンなどの修道院の中，村のモスクの敷地内，国境の町に受け入れられた者たちもいた。難民キャンプが現れたのはもっと後，国際的な援助が組織されてからである。逆説的なことだが，こうした組織化はいつでも，一時的と思われていたことが長期化する前兆なのだ。パレスチナ人は，失われた祖国を包む殻のように，国境周辺に固定されてしまった。

❖「祖国を取り戻したいといらだつパレスチナ人の焦燥を読者は不快に感じるかもしれない。彼らの孤立無援の苦悩の大きさを推し量れなければ。亡命はすでにそれだけで，経験した者にしか理解できぬ苦しみである。家を失った上に愛する者たちとの別離がある場合，不幸はさらに大きい。パレスチナ人の家族で，やむなく別々の土地に離散せずにすんだものは，まれである」。 ……………………………………………アブー・イヤード，1978年

第４章

アルアウダ：帰還

⇦北レバノンのナフル・アルバーリド難民キャンプ（1948年）。
⇨「ファタハ」誌の表紙。帰還への道を示す兵士。

アラブ軍がハガナをあっさり片付けてくれると確信し，国境付近に集まったパレスチナ人は，休戦協定の締結に呆然自失し，次いで，彼らの長きにわたる亡命を無視した「裏切り」への怒りでいっぱいになった。1948年は，“ナクバ”すなわち「災厄《カタストロフィー》」の年である。

イスラエルにとどまった16万700人のパレスチナ人

イスラエルにとどまった「強情な証人たち」は，イスラエル国籍を有しながら，1966年まで特別軍事法の下に置かれた。政治的抑圧と法的な差別を受け，権利を否定されて，彼らの土地と村はありとあらゆる土地法の攻撃にさらされた。かくして1950

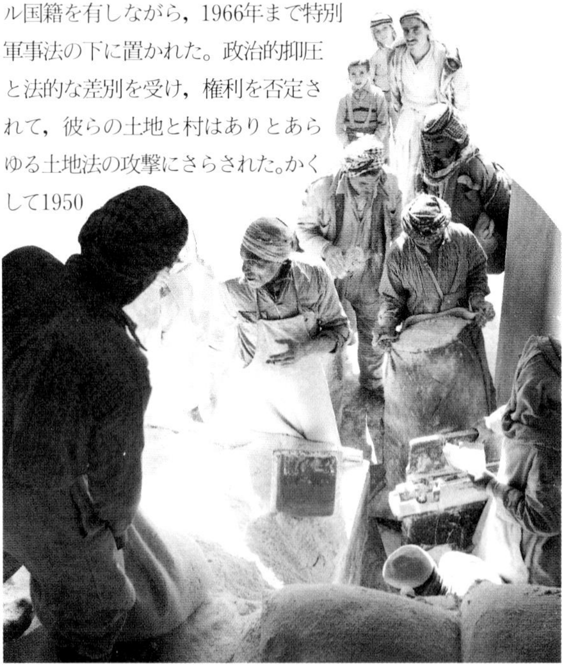

年の「不在者財産没収法」が，退去したパレスチナ人にもイスラエルに残った人々の多く（彼らは「一時的不在者」とされた）にも適用され，1949年から1966年にかけておこなわれた415村の破壊と1600万ドゥヌム（160万ヘクタール）の土地の押収が合法化された。その上，イスラエルにいた約8万5000人のパレスチナ人は，戦闘のあいだ，一時的に住居を離れるよ

⇦国連パレスチナ難民救済事業機関（UNRWA）の職員による食糧の配給──難民キャンプで生活が営まれ，ひとつの世界が作られていった。パレスチナ人は「出て行き」，イスラエルは国家の入れ替えを完了する。1948年と1950年にイスラエルにより発布された「遺棄地域法令」と「不在者財産没収法」が，難民の財産の押収を法的に有効なものにした。不在者とは，「1947年11月29日以降に自分の住む都市あるいは農村を離れたすべてのアラブ人」である。

う通告されて避難したまま，故郷の村に帰ることは二度と許されず，祖国にいながら「難民」となった。

ヨルダン川西岸はヨルダンに併合され，ガザ地区はエジプトの行政下におかれた。

1950年，この 2 つの土地にはそれぞれ76万4000人と24万300人のパレスチナ人が居住していた。もともとの住民のほかに，難民が36のキャンプに別れて住んでいたのである。ヨルダンは難民に対して同化政策をとったが，パレスチナ人は，帰化して公務員や軍人の等級を這い上がっても，多くの場合，公安の監視下に置かれることになった。

ガザ地区でのパレスチナ人は，1967年にイスラエルに占領されるまでエジプトの特別軍事法の適用を受けた。彼らはパレスチナの国籍を保持した。当局は，もともとのガザ人とガザに流入した難民を全く区別せずに無国籍者として扱い，通行を許可するパスを彼らに交付した。

⇩難民キャンプでの青空教室――たとえテントが地平線を覆うほどまでに広がっていても，希望は学べる。国連パレスチナ難民救済事業機関は，職員のほぼ全員がパレスチナ人で，教育を主導する役割を担っていた。皮肉なことに難民の子どもたちは，たちまちアラブ世界における最高の就学率を達成してしまった。

32万2000人以上のパレスチナ人がアラブ諸国で難民となる

トランスヨルダン，レバノン，シリアは総計28万7200人のパレスチナ人を35の難民キャンプで受け入れた。トランスヨルダンでは，難民に対してヨルダン川西岸の場合と同じ同化政策がとられた。だがレバノンでは当局は，特別法を発布してパレスチナ人に対応するでもなく，「旅行記録」を発行するだけだった。移住は1962年に許可されるが，永住者の地位を得ることはできない。

シリアに住む難民は，厳しい監督を受けてはいるが「生まれながらのシリア人」として扱われた。法律上は平等で，もともとの国籍を保持したまま教育を受けることも職につくこともでき，国防義務で兵籍にも編入される。

パレスチナの人々はショック状態を脱し，故郷に戻ろうとする一連の「活動」を始める。この運動の先頭に立ったのはキャンプの難民だった。混乱のうちに追放されたので，最初の数週間は個人または小さなグループで近親者を捜しはじめた。

ひとたび共同体が再編されると，失われた故郷をイメージしてキャンプが形づくられた。亡命地である種の「パレスチナ」

⇩国連難民救済事業機関の卒業証書の授与 ── 難民キャンプの学校を巣立っていく新しい世代である（P.159参照）。

が再現されたのである。故郷に住んでいるように暮らしたいと始めたことではあるが，こうした動きには，人々の中にある同質性を守ることによって，民族の実体を保ちたいという意思も現れている。

一方，国境から潜入してイスラエルに戻ろうとする者もいた。イスラエルの報告書には，撃ち殺された「不審者と泥棒」の事例が数多く記載されている。

都市に居住できた者はわずかである

より富裕な階層，とりわけ都会の出身者で，血縁や仕事の関係からアラブの都市民につてのあった人々，あるいは逃げる際に財産をうまく持ち出せたパレスチナ人は，ダマスカス，カイロ，ベイルート，アンマンに定住した。

難民キャンプの子ども世代がこれに加わった。UNRWA(国連パレスチナ難民救済機関）の学校を卒業し，難民の境遇を抜け出して家族を助けるために勉強しようと思い定めた子どもたちは，大学の与える肩書きを積み重ね，湾岸諸国へ働き

1969年にパレスチナ人卒業生1万人に対しておこなわれた抽出調査から，専攻の内訳がわかる。医学1039人，工学1232人，農学955人，物理学955人，経済学および社会科学2633人，哲学および文学2580人，その他606人。職業は，全体の46.83%が教師，16.7%がエンジニア，10.09%が医師，14.87%が会社員もしくは公務員。しかし1975年からのレバノン内戦以後は，パレスチナの教育システムの力は低下している。

⇩難民キャンプ内に設置された研究所で実習する学生。

にでた。湾岸諸国の新興の政府は，身分証明書をそれほど重視しなかった。この黄金郷に向かって，パレスチナ人は密航ルートを使った。大勢の人が旅の途中で亡くなり，越境案内人によって砂漠の真ん中に打ち捨てられた。

カイロとベイルートの２つの学生運動

1952年，エジプトの首都で青年たちがパレスチナ学生同盟を結成した。メンバーの中には，ヤセル・アラファトやのちのPLO情報局長アブー・イヤードがいた。この同盟が彼らの活動の枠組みを決めることになる。学生同盟は結成当時からエジプト公安当局に目をつけられ，ことあるごとに統制の標的にされたが，1956年に彼らがスエズ戦争(第二次中東戦争)への参戦を要求した際には特に注目を集めた。1959年にパレスチナ学生総同盟（GUPS）と名を改め，アラブ諸国とヨーロッパ（特に西ドイツ）に支部を置いた。

レバノンのベイルートには別の動きがあった。この地のアメリカン大学はアラブのエリートを養成する特別なセンターであり，パレスチナ人学生はそこで「イデオローグ」を見つけた。非宗教的で近代主義的な汎アラブ民族主義を理論化した教授たちである。秘密結社がいくつも結成された。メンバーは，1948年の「災厄《カタストロフィー》」の原因を振り返って，アラブ社会の

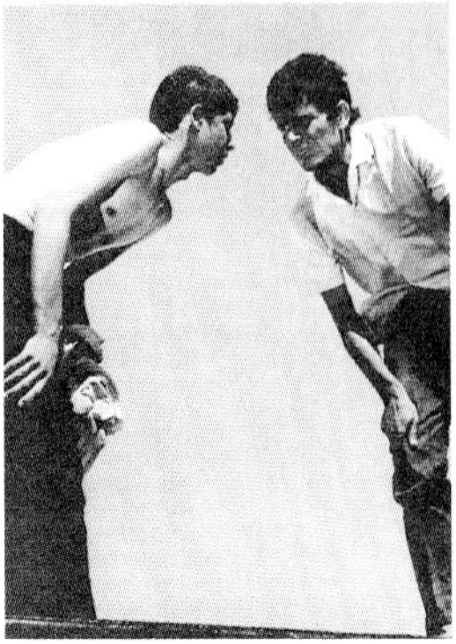

⇧クウェートへの道――難民キャンプの生き地獄を逃れるために，３人のパレスチナ人がクウェートに密航することにした。越境案内人の仲介で，タンクローリーの運転手が男たちを隠してくれることになったが，国境の詰め所で長時間の足止めを食らった。３人は内壁を繰り返し叩いたが，灼熱のタンクローリーの中で命を落とす。これが，タウフィーク・サーレハ監督の映画『だまされた者たち』の主題である（上は映画の1シーン)。この映画は，ジュルジー・ハバシュの運動の中心的人物ガッサーン・カナファーニーの小説『太陽の男たち』が原作である。メッセージは明確だ。世界は我々の呼びかけに耳を貸さない，そして，クウェートに向かう途中にはパレスチナへの道は見つからない。

⇖ベイルートのアメリカン大学のカレッジ・ホール。

根源的な問題として捉え直し，アラブ全体の解放をめざそうと主張した。アラブ民族主義運動（ANM）は，1951年にベイルートで生まれた。リーダーの中に，ヤーファ出身でギリシア正教徒の青年医師ジュルジー・ハバシュがいた。1952年にエジプトで「自由将校団」によるクーデターが起こると，彼らはナセルに傾倒したが，エジプト以外のやがてエジプト以外のアラブ諸国で根をおろすようになる。

GUPSとANMは，レジスタンスの2つの大きな流れを生み出した。GUPSは，最初の武力闘争の枠組みであるパレスチナ祖国解放運動（ファタハ）を生み，パレスチナ民族主義者の流れとなる。ANMから生まれたパレスチナ解放人民戦線（PFLP）は汎アラブ主義の立場をとり，革命に傾いていった。

⇩若きアラファト（右端）──「自由将校団」が，エジプトの王制を倒した直後のこと。カイロの学生で，ヤセル・アラファトと名のる前のアブド・アルラウーフ（写真右）は，エジプトのナギブ将軍に，「パレスチナを忘れないでください」とパレスチナ人学生の陳情書を提出した。

NATIONALISATION DE LA Cie DU CANAL DE SUEZ

Le Progrès Égyptien

LE CAIRE: 24, rue Galal — Tél. 49000
ALEXANDRIE: 1, rue Rode — Tél. 27366

لبروجريه اجبسيان

15 mms. l'exemplaire

LXVIIIème ANNEE No. 175
VENDREDI, 27 JUILLET 1956

⇦スエズ運河の国有化——1956年7月26日，アレクサンドリアで，ナセルは「私が話している今この時をもって，この会社を国有化する法律を官報で公布する」と突然発表した。仰天して押し黙る群集。「アラブの声」による中継放送は，「ペルシア湾から大西洋へ」と高らかに宣言した。

アラブ諸国の体制側との関係

一部のアラブ諸国当局は，これらの闘士たちを当てにはしながら，極度の不信感を抱いていた。統制を加えられず，国家を不安定にする潜在的要因だったからである。それゆえパレスチナ人は，あらゆるセクトが混在する中で，他のアラブの闘士とは一線を画していた。行動したいというじりじりするような焦燥は，各地の熱狂を見てますます激しくなったが，彼らは自制した。シリアにおける1949年3月と5月の2度のクーデター，1951年のヨルダン国王アブドッラーの暗殺（彼は1950年にヨルダン川西岸を併合し，ヨルダン王国の建国を宣言した），1952年の「自由将校団」によるエジプト王制の打倒，1958年のカーシム将軍によるイラク王制打倒革命，同年のレバノンのシャムーン大統領に反対する内戦…。これらの相次ぐクーデターはすべて，1948年のパレスチナ戦争中の「裏切り」に対する代償であった。

汎アラブ主義と反植民地主義の頂点

1956年にエジプトがスエズ運河の国有化を宣言し，1957年にはシリアとエジプトのあいだでアラブ連合が成立した。また，1955年のバンドン会議でナセルが「非同盟」の旗手の役割を果たした。さらに，アスワン・ハイ・ダムを完成し，社会福祉法を充実させるなど，アラブの人々にとって幸福な未来を予測させるできごとがつづいた。そして，アルジェリア独立戦争の武力による「自律的な」民族解放闘争は，パレスチナにとってモデルとなると同時に，彼らの選択の正しさの証明ともなった。

1949年以降，ばらばらの小グループや個人が，シリア，ヨルダン，ガザ地区を足場に，イスラエルを武装攻撃した。抵抗運動は，徹底的な弾圧を受け，周辺各国に時には利用されながら，次第に大規模化した。そして，国境のアラブ人村落が決まってイスラエルによる報復攻撃を受けた。1956年2月のガザ地区に対する大空襲後，ナセルはゲリラの統一部隊であるフェダーイーン（パレスチナゲリラ）を組織することによって，こうした小規模な直接行動を押さえ込もうとした。

⇦（P.76）アルジェリア民族解放戦線の兵士たち——アルジェリア独立戦争はアラブの反植民地闘争の範となったが，パレスチナ人の中には，アルジェリアの現実に直接関わった者もいた。サラーフ・ハラフ（アブー・イヤード）とハリール・アルワズィール（アブー・ジハード）は，アルジェリアで教鞭をとった経験から交渉役になり，独立アルジェリアにゲリラ訓練の手ほどきを引き受けさせた。

⇩スエズ運河の国有化に端を発したスエズ戦争（第二次中東戦争，エジプト軍とイスラエル・英・仏の衝突）後，ガザ地区のパレスチナ人はナセル支持を表明した。

「パレスチナへの帰還がアラブ統一への道だ」:ファタハの創設

並行して，少数の男たちが別のプロジェクトを秘密裏に練り上げていた。ヤセル・アラファト，アブー・ジハード，ファールーク・カッドウミー，アブー・イヤード，ユースフ・アンナッジャール，カマール・アドワーン，アブー・マーズィンらである。大半は難民キャンプ出身で，湾岸諸国，特にクウェートやカタールでかなりの社会的地位を得たものたちだ。彼らの政治的経歴は，難民出身者の例に漏れず，青年期にトラウマを受け，パレスチナ学生総同盟で激しい軍事行動を経験した。彼らの目的は，パレスチナ人の国家を実現すること，アラブとしてのまとまりを保ちつつも他国からの干渉を排除すること，そして，アラブの統一である。

⇩若きファタハの指導者たち――ナセルを囲んで，（左から右に）アラファト，アブー・アルフールとアブー・イヤード（2人ともファタハの中枢で安全保障の責任者となる），アブー・ルトフ（後ろ向き）。将来パレスチナの外交を主導していく人々。

彼らのことば「帰還が統一への道だ」は，のちに決裂することになるナセルのスローガン「統一が帰還への道だ」を逆にしたものである。彼らは1959年にクウェートでファタハを結成し，組織内部の地位や軍事部門を定めた。機関紙の名は「フィラスティーン・ナー」，すなわち「我らのパレスチナを我らに」である。

アルジェリアの独立によって，彼らの進むべき道が決まった。1961年にアラブの統一をめざしたシリア-エジプトのアラ

⇨パレスチナゲリラ（中央右）と2人の「殉教者」の顔。

ブ連合が決裂したため，「パレスチナ人の帰還」をめざす闘争だけがアラブを統一するという彼らの主張は強固なものになってゆく。

1964年12月31日夜，ファタハが武力闘争を開始する

ファタハが1936〜1939年革命の継承者と自称して革命を再開したことは，当時増殖していた大小さまざまなグループに衝撃を与えた。

最初の軍事声明は1965年１月１日付けで，ファタハの軍事部門「アルアーシファ」（「嵐」）の署名がある。ファタハは，1967年６月の戦争（いわゆる６日戦争，第三次中東戦争）までに73回の声明を出した。

⇩地下に潜ったレジスタンスには，死者の顔しかない。軍事部門による声明には「殉教者」しか掲載されない（下は，ファタハの軍事部門「アルアーシファ」のはじめての発表の一部）。「殉教者」（アラビア語「シャヒード」は「殉教者」と「証言する者」の２つの意味を持つ）への崇拝はこの頃始まり，広がり続けた。「アルアーシファ」が実行した作戦は，1965年に135件，1966年に53件，1967年に145件にのぼる。

فتح

حركة التحرير الوطني الفلسطيني

بلاغ عسكري رقم (٨٥)

صادر عن القيادة العامة لقوات العاصفة

この時のファタハのメンバーはせいぜい数百人，しかもこの時期に実行された300回の拠点急襲でかなりの人数を失う。ファタハの兵士がアラブ側の監獄にぶち込まれることもあった。民族主義の新聞は，ファタハはCIAに身売りしたと非難した。ファタハは，挑発によって統一戦争を妨害し，国家が

おこなう「世界大戦」の準備を切り崩している，というのだ。しかしファタハは障害にめげず，中国やベトナムとの関係を確立し，アルジェリアから援助と訓練を受けた。彼らは，戦略をもってすれば，これらの国々を「巻き込み」，敵との対決を先延ばしにするために持ち出されるお決まりの逃げ口上や駆け引きを断ち切ることができる，と考えていた。

1967年6月までのファタハは事を起こすだけの，武器も乏しい運動にとどまっていた。だが，ファタハは進むべき道が

アラブ諸国を戦闘に巻き込むという考えが理論化された。「タウリート」(意に反して部外者を巻き添えにする）という語は，パレスチナでは，ある特定の戦術を意味する。

「見えている」最初の集団だった。このことがいかにすぐれた強みであるかはのちに証明される。

1964年，PLOが設立された

パレスチナ人のほとんどはナセル支持者で，彼らは四散していたがために，エジプトの戦略にとって可能性を秘めた力であった。ナセルはパレスチナ人の爆発を避けるためにその焦燥に応えてやらねばならないこともわかっていた。だからナセルはアラブ連盟の枠組みの中で，道具となるＰＬＯという組織を作ったのだ。それは，固有の組織を持ちたいとするパレスチナ人の要求を受け入れつつもアラブ連盟の管理下にとどまるものでなければならなかった。

1964年１月，カイロで開かれた第１回アラブ首脳会議で，パレスチナ解放機構（PLO）が樹立された。初代議長には，1949年から1956年までアラブ連盟事務局長補佐を務めたアフマド・シュカイリーが就任し，亡命議会であるパレスチナ国民評議会（PNC）が設置された。当時ナセルと対立関係にあったヨルダンのフセイン国王は躊躇し，シリアとサウジアラビアは反対したが，PNCは，５月から６月にかけて，エルサレ

⇦軍事訓練は，「安全地帯」，すなわちアラブ諸国や諸外国（アルジェリア，ベトナム，中華人民共和国）でおこなわれた。軍は徐々に青年たちを組織して成長した。インティファーダを予告するイメージ（下および左ページ）。

ムに388名の代表を集めて開会した。6月2日に憲章が決議され，8月には執行委員会とパレスチナ解放軍（PLA）が組織された。9月にアレクサンドリアで開かれた第2回アラブ首脳会議は，これらの措置を承認した。これによってPLAはシナイ半島およびガザ地区に駐屯できることになった。ほとんどのパレスチナ人は，これらの施策を解放に向けての具体的な第一歩ととらえた。だが，PLOはすぐにアラブ諸国の「煮え切らない」態度に押しつぶされてしまう。

同じ時期，ANMは急速に左旋回した。シリア－エジプト連合が決裂したことによってANM党員は大打撃を受けて左翼へと傾き，北ベトナムのボー・グエン・ザップ将軍，中国の毛沢東，ラテンアメリカのチェ・ゲバラによる人民解放戦争のテーゼを支持するようになる。「パレスチナ地域圏」が設置され，軍事行動の準備が命じられた。1967年6月，「パレスチナ地域圏」誕生の翌日，パレスチナ解放人民戦線（PFLP）が結成された（P.163参照）。

⇖東エルサレムに入るイスラエルのモシェ・ダヤン国防相（1967年6月）――このとき彼は黒焦げになったアラブ軍戦車を縦隊にして引き連れていた。物質的な損失もさることながら，アラブの敗北には，非常に象徴的な意味があった。一方，カラーマの戦いはイスラエルとパレスチナの力関係になんら変化を与えなかったが，カラーマで破壊されたイスラエル軍戦車の写真（上右）は，一握りのパレスチナ人がつけた新しい道のシンボルになった。

6日戦争（第三次中東戦争）とカラーマ

1967年6月，イスラエルは奇襲により，わずか6日間でエジプト，ヨルダン，シリアなどアラブ諸国を敗北に追い込ん

であり，この世から抹殺するためにそれ以降の歴史からも締め出されてしまった者である。初期のイスラエル国民は，もともとパレスチナ人などいなかった，と主張した。これに対してパレスチナ人は，「イスラエル国家」など認めない，とやり返し，互いに否定しあう。

「帰還」には，祖国を追われた年月のすべてを消し去りたいというパレスチナ人の望みが表われている。奪われた土地，キャンプ生活，消された地名，それらすべてを白紙に戻したい。もちろん，各人の状況によりそのニュアンスは異なる。

難民の世界観がパレスチナの民族運動の方向を決める。もし難民が，すべて元どおりにすればいいという感情しか持たなかったら，運動の方向は，旧パレスチナ支配階級にある国家権力への渇望とぴったり重なり合う。また，強制退去を経験しなかったパレスチナ人には土地の喪失感はない。すべての人にとっての「帰還」の意味は，離散が終わって再会が果たされること，民族の存在が否定されないこと，独立と主権が承認されること，である。

パレスチナ人が出て行くと，新たに獲得したその土地にイスラエル人の入植地がつくられた。土地を「空にして」イスラエル人をそこに移す，という植民戦略が続いた。この植民地政策の目的が防衛地帯を作るという厳密に軍事的なものだったとしても，それは，占領した「領土」を既成事実に合わせてイスラエルのものとして固定化するという政治的な目的とも合致していた。1948年以降，入植地の建設は休みなく続けられ，イスラエル国境地帯にも作られている。新規の入植地の数は，1948〜50年に261，1951〜55年に122，1956〜60年に41，1961〜63年に9，1964〜66年に13，である。1992年の時点で，ヨルダン川西岸とガザ地区には137の入植地がある（エルサレムは含まず）。

パレスチナの諸組織は敗北の衝撃を受けた:アラファトの台頭とANMの分裂

まずシュカイリーが，敗北した6日戦争の責任を取らねばならなかった。ハルツームの首脳会議から追い返され，1968年7月10日にカイロで開かれた第4回パレスチナ国民評議会でPLO議長の職を失った。その会議では，安保理決議第242号の拒否を決定した。イスラエルを承認し，パレスチナ問題を単なる難民問題に矮小化した決議である。さらに64年のPLO結成時に採択された「パレスチナ国民憲章」をより強硬なものに修正採択した（P.161参照）。1969年2月の第5回パレスチナ国民評議会で，アラファトがPLO執行委員会議長に就任した。新

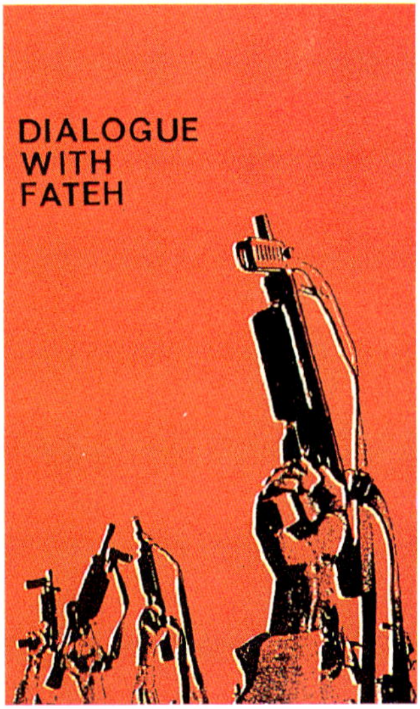

ベイルートに本拠を置くPLO情報省は，非常に早くから外国の世論の重要性に気づいていた。英語とフランス語のパンフレットや定期刊行物（左）を刊行し，世界中に発送して，アラブ人やパレスチナ人の学生がこれを配布した。情報省のあるグループは，アメリカン大学の教授でのちに1993年の「オスロ合意」の交渉者となるナビール・シャースをリーダーとして，イスラム教徒，ユダヤ教徒，キリスト教徒が同じ権利と義務を享受する世界をイメージした「民主的・非宗派的パレスチナ国家」をつくるプロジェクトを1969年に練り上げた。最初にそのテキストを出版したのはフランスのミニュイ社の社主ジェローム・リンドンで，彼は，1981年には「パレスチナ研究誌」の版元にもなっている。

⇦外国の進歩主義的な人物が，数多く，パレスチナ人のもとを訪れた。フランス極左からアメリカのブラック・パンサーまで，連帯の動きが活発だった。左写真は，小説家アニア・フランコがPDFLPの本拠に滞在した時のもの。

⇧ジャン・リュック・ゴダールと撮影クルー。1969年，バカーでゴダールは『ヒア・アンド・ゼア　ここよそ』の撮影をした。ジャン・ジュネは1969年末に初めてこの地を訪れ，その後繰り返し滞在することになる。アジュルーンの戦い（P.93参照）とその後のベイルートのサブラとシャティーラの虐殺を目撃したジュネは，1971年，ブルーノ・バーベイの写真に文章を添えて刊行，その後『シャティラの４時間』，遺作として『恋する虜』が出版された。死後発見されたノートの一節：「私がなぜパレスチナ人を援助するのかと人は尋ねる。ばかな！彼らが私の生を助けてくれるのだ」。

たに選出された執行委員のほとんどは，レジスタンス組織の代表が占めた。その１ヶ月前，ファタハは将来のビジョンとして行動綱領を発表し，宗派による差別に反対する「民主的・非宗派的パレスチナ国家」をスローガンとして掲げた。

1967年にハバシュが創立したPFLPは左旋回し，分裂してPDFLP（パレスチナ解放人民民主戦線）ができた。

アラブ民衆のパレスチナゲリラへの支持の大きさに気づいたアラブ諸国は，パレスチナ問題に介入するために，それぞれ独自の組織を作った。シリアは，バース党（アラブ民族主義をかかげる社会主義政党）のパレスチナ人メンバーを集めた組織「サーイカ」（本拠地はダマスカス）を後援した。

パレスチナゲリラの新たな拠点，レバノン，シリア，ヨルダン

パレスチナ人は，戦場となった国々に対イスラエル軍事行動の基地をつくった（基地の数は1968年に789，1969年に2390，1970年に2256）。こうして，将来これらの国々の政府と対決する舞台装置ができあがった。

各国は，自身が敗北を喫したばかりという時期に，民衆の

基地のパレスチナゲリラ

「この斥候が腕立て伏せを繰り返すとき，そして兵士たちが荒れた土地を歩くとき，斥候は歌う，そう，だれかが即興で歌い，あるいは語り，他の者がそれを繰り返す――カノンのように。だがこの戦争の中でふくらむイマジネーションから生まれる歌詞はアラブの古い旋律にのせて，かすかな音のビブラートで歌われる。ユーモアと皮肉が，歌の中に，ことばの中に，そして朝の空気の中にある」。
ジャン・ジュネ，「ズーム」誌掲載，1971年

ファタハの新兵は，ヨルダンのアンマン近くのキャンプで軍事訓練を受けた（左および次ページ）。これらの写真は，ジュネが文章をつけたブルーノ・バーベイのルポルタージュ（1971年刊「ズーム」誌に掲載）からの抜粋である。

قوات السلطة العميلة
تحتل مقر اللجنة المركزية بعمان
صرح ناطق رسمي باسم اللجنة التنفيذية لمنظمة التحرير الفلسطينية بما يلي:
قامت قوات السلطة العميلة قبل ظهر امس بمحاصرة مقر اللجنة المركزية في عمان واعتقلت كل الذين كانوا يتواجدون فيه ..
ثم قامت باحتلال المركز .

فتح
ناطقة بلسان اللجنة المركزية لمنظمة التحرير الفلسطينية

١٩٧١/ الموافق ٢٣ جمادى الاولى ١٣٩١ هـ السعر في الاردن ١٠ فلسات ـ في سوريا ولبنان ١٥ قرشا . في الدول العربية الاخرى ما يعادل ٣٠ فلساً

ياعرب

راش تبلغ ذروتها امس بعد أن دفع العملاء بمعظم القوات الملكية الى الهجوم

信望厚いパレスチナ・レジスタンスを受け入れることになった。しかし，彼らが国家の中に別の国家をつくることを怖れ，それを阻止するための政策を発動した。シリアは，力づくでこの状況をコントロールしようとした。レバノンとヨルダンは，社会状況が不安定で，政府の評判も悪かったため，状況はより困難だった。武力衝突が起こり，民衆が大きく動揺し，イスラエルの報復作戦を受けて当局の権威が傷つけられた。そして大量の血が流されることになる。

⇧ファタハの新聞――ヨルダン内戦のあいだも，ファタハの新聞は毎日発行された。1971年7月の第1面（上）で，「おおアラブ人たちよ」という呼びかけのあと，約5000人のパレスチナ人兵士が粛清された記事が続いている。右ページ中央は，ヨルダンのフセイン国王と「黒い九月」作戦を支持する将校たち。

一方でPLOは，アラブ民衆の支持を得て立場を強固にし，国家間の対立を利用しながら，国家の公認のパートナーとして認められた。一方，パレスチナの民衆に対しては，生活のあらゆる面を支援する一連の活動を展開した。健康，教育，治安，経済計画，殉教者の家族を対象とする援助システム，共同生活，軍事訓練，である。PLOは数々の，時には流血の危機に見舞われながらも，様々な形をとりつつ共存する枠組みを作り出し，一体性を示しつづけることができたのである。

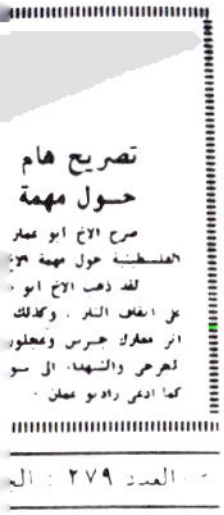

ヨルダン内戦

ファタハは，人口構成でパレスチナ人が多数派となったヨルダンで，摩擦を避けようと努力した。しかしアラファトは，いくつもの力の狭間で身動きできなくなり，対決は不可避となった。PFLPは，ヨルダン政府と対決して一挙に勝利を収めようと，ホテル人質事件（アンマンのインターコンチネンタルホテルを占拠した）やハイジャック事件を起こして政府を挑発した。一方で，下部組織の民衆を大規模に召集した。ナセルとヨルダンのフセイン国王がアメリカの提案を受け入れて，国連総会決議第242号に基づき，イスラエルの存在を認めて和平交渉による解決をめざすのではないかと恐れたのだ。当時パレスチナ側は，あくまでもイスラエルの存在を認めず，武力闘争による祖国の全面的解放を求めていた。当事者ではないアラブ諸国にもヨルダンーパレスチナ危機の火種を利用して，その地域の国家間の複雑な力関係に影響を与えたいという思惑があった。また，多くのファタハ幹部（一部はファタハの強化に有頂天になっていた）が，この危機を利用してイスラエル対アラブ諸国の全面戦争に持ち込みたいと考えた。ヨルダン軍内部には，ヨルダンからゲリラ一掃をめざす動きがあった。

1970年9月，フセイン国王がアンマンの難民キャンプに軍を突入させ，ヨルダン内戦が始まった。無数の死者を出す激戦の末，ゲリラはヨルダンから追放された。1971年7月，北部に集結した約5000人のゲリラがアジュルーンの森で軍に虐殺され，ようやくPLOとヨルダン政府の間に暫定休戦協定が結ばれることになる。

⇦1970年，PFLPの兵士たちは外国航空機4機をあいついでハイジャックし，そのうち3機の乗員すべてを降ろした後，ヨルダン北部のザルカー空港で爆破した（左ページ中央）。

⇩アブー・アリー・イヤード――彼は1968年から1971年までファタハの軍事部門の最高指導者だった（アブー・イヤードとは別人）。他のメンバーが9月にダマスカスに撤退した後も，ヨルダンとの合意によって，再結集した兵士とともにヨルダン北部にとどまったが，アジュルーンの虐殺で戦死した。彼の最後のラジオ・メッセージがダマスカスで受信された。「我々は元気だ。君たちの状況を聞かせて我々を安心させてくれ」。

「黒い九月」グループの誕生

こうしてレジスタンスはヨルダンを失い，レバノンに拠点を移した。ナセルは，自らがフセインとアラファトを仲介した和解の翌日に心臓発作で急死し，フセイン国王はアラブ世界からつまはじきにされた。再び絶望が覆った。ヨルダンでの弾圧のニュース，そしてヨルダンで足場を失ったPLOの政治的指導力が窮地に陥ったというニュースによって，いっそう深まった絶望が。

ヨルダン内戦のおこった九月から命名された「黒い九月」グループは，こうした絶望の中で生まれた。「黒い九月」が起こした最も劇的な事件は，1971年のヨルダン首相ワスフィー・タッル暗殺事件，そして，1972年ミュンヘン・オリンピックでイスラエル選手団を人質に取った事件である。72年の犠牲者は，イスラエル人11人，パレスチナ人５人にのぼった。行き詰まったリーダーを見かねたゲリラが事件を起こしたという仮説は，いかにももっともらしい。しかし，1971年10月５日，アラファトは，彼の方針を「敗北主義」と批判する彼らの罠を間一髪で逃れた。アラファトさえも標的にされたのだ。

水面下の戦争の頂点をなすのは，1973年４月９日から10日にかけての夜（デイル・ヤーシーン村の虐殺と同じ日），ベイルートで，３人のファタハ指導者（うち２人は創設者）がイスラエル奇襲部隊に暗殺された事件である。その後，侵攻したイスラエル軍がレバノン南部でレバノン軍と大規模な戦闘を開始し，混乱のうちにレバノンは内戦に突入する。アラブ諸国は，極秘に10月のイスラエル奇襲攻撃を準備しており，新たな動乱（第四次中東戦争）が，今まさに起ころうとしていた。アラブ諸国はこの戦争によって威信を回復し，第３次中東戦争の恥辱をすすぐつもりだった。危機に瀕したパレスチナ運動は，そこに突破口を見つける。

⇨ミュンヘンオリンピック人質事件（1972年）――1970年，２つの戦争が始まった。一方は２つの陣営の軍隊による戦争，もう一方は隠れた戦争である。イスラエルによる特別作戦や無差別爆撃，パレスチナ人によるハイジャックや人質事件が決行された。ミュンヘンオリンピックではイスラエル選手団を人質にした。血なまぐさい暴力の連鎖が始まったのである。しかしパレスチナ人は，政治的に高い代償を払った。世界中のメディアや世論が，パレスチナゲリラをテロリストと同一視するようになったのだ。

⇨暗殺の犠牲者――上から下へ，ハムシャリー，ズアイタル，アドワーン，アンナッジャール，カナファーニー。マフムード・ハムシャリーとワイール・ズアイタルは，フランスとイタリアにおけるパレスチナ代表だったが，1972年モサド（イスラエルの諜報機関）に暗殺された。ファタハのカマール・アドワーンとユースフ・アンナッジャールは，1973年ベイルートで，PLOのスポークスマンのカマール・ナセルとともにイスラエル・コマンドの手で暗殺された。その数ヶ月前，小説家ガッサーン・カナファーニーは，仕掛け爆弾付きの車が爆発して死んだ。

❖「PLOは政党でも組織でもなく，ひとつの恒常的なシステムである。パレスチナ社会を構成する様々な力が，そこで自己主張している。パレスチナ民族のアイデンティティを表明する場であり，構築する場である」。

……………………『パレスチナ調査記録』，人民の権利と解放のための国際同盟，1991年

第5章

国家に準ずるもの

⇦ベイルート爆撃（1982年）。

⇩PLOは徐々に国家としての体裁を整えてゆくが，その権力は分散的で，多元的なイメージはますます強まっていった。下はPLOのリーダーたち。左から右へ，アラファト，アブー・イヤード，ハバシュ，ハワートメ（1982年撮影）。

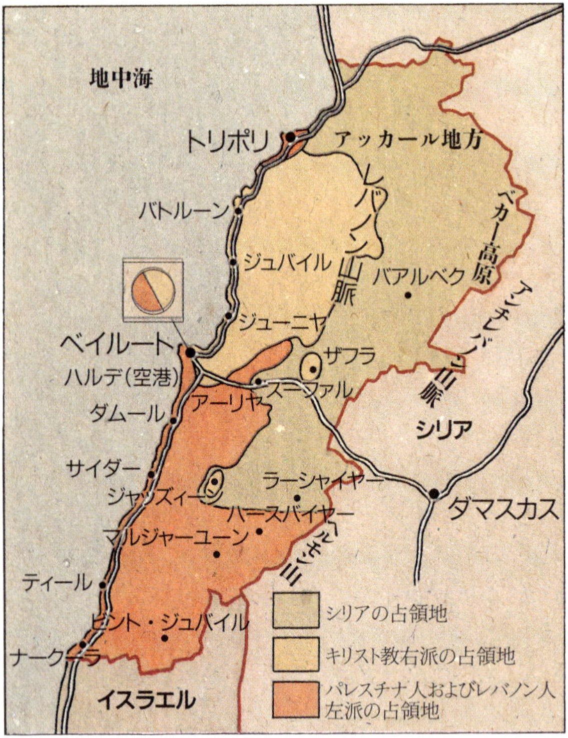

⇧ベイルートで起こったパレスチナ人擁護のデモ。

⇦レバノン内戦(1975年)後のレバノンの地図——シリア,右派キリスト教徒,パレスチナ人,左派レバノン人の支配地域が描かれている。

パレスチナゲリラはヨルダンを追われ,シリアをへてレバノンに引き返す

1968年以降,ゲリラたちは,レバノン南東にあるヘルモン山麓の険しいアルクーブ地域に多数の基地をつくり,次第にレバノンの地をヨルダン渓谷の前線に次ぐ重要拠点とするようになった。レバノンにいたパレスチナ難民はPLOを歓呼の声で迎え,PLOもレバノン当局を相手に対立と折衝を繰り返しながら,難民の日常生活を支えた。1969年11月,カイロで調印されたレバノン－パレスチナ協定によって,レバノン政府は正式にPLOの受け入れを容認した。

基地が増えたのはPLOにとって前進だった。レバノンのパレスチナ人は,他のアラブ諸国に逃れた同国人よりも恵まれ

ていた。レバノンの左翼政党などによる援助を受け，連帯や支援の細やかなネットワークを利用することができた。レバノンの人々は，レジスタンスへの共感，汎アラブ主義への憧れ，イデオロギー的な賛同から支援したが，地域勢力の打算もあった。イスラム教のスンニー派は，PLOの存在をてこにキリスト教マロン派やイスラム教シーア派との力関係において優位に立ち，国内の体制を変革しようとしていた。現体制が，国内第１の集団であり，進歩主義党派である自分たちを軽視していると思われたからである。またマロン派は，ＰＬＯが69年に発表した「民主的・非宗派的パレスチナ国家」プロジェクトがレバノンでの多宗教共存の保証になるのではないかと考えた。

PLOが交渉相手として認知される

PLOが基地を置いたアルクーブ地域は,「ファタハランド」と呼ばれるほどレバノンの主権の及びにくい，事実上の暫定的「領土」だった。この「領土」は，キャンプを指導し保護する拠点となり，主流派を狙う「黒い九月」グループに対する防衛地帯となり，アラブの政治的亡命者や世界中の革命組織のメンバーを受け入れてこれを支援する場ともなった。しかし時がたつにつれて，権力の源泉としての「領土」が重視さ

1975年にパレスチナ人とレバノンのイスラム教徒の連合軍とレバノンのキリスト教徒による対立が内戦に発展し，自身の権益が侵されることを怖れたシリアが介入した（レバノン内戦）。この戦争でレバノンでは領土の「改編」が起こった。17の宗教共同体のメンバーが共存していた地方や都市は，完全に混乱状態に陥った。どの集団も，戦闘と虐殺によって領土をもぎ取り，自派の勢力を伸ばそうとした。かろうじて，シリアの支配下にあったザフラ他の諸都市，パレスチナ人と左派レバノン人が支配していた西ベイルートとサイダーがこの混乱から逃れることができた。

れるようになった。

内戦の拡大と共に，レバノン人のあいだには，パレスチナを解放できないパレスチナ人はレバノンを乗っ取ろうとしているのだ，という世論が広まった。しかし，そのような計画は全くなかった。PLOの目的は，実際に目に見える権力，体制を動揺させるに充分な権力を「領土」で作り出し，列強に，PLOがパレスチナの当事者であることを承認させ，PLOとの交渉に真剣に取り組ませることだった。レバノン社会の安定と引き替えにしても。このレバノン時代にアラファトが留意した点が2つある。ひとつは，レバノンの権力を狙う国内勢力を巧みに調整して利用すること，もうひとつは，レバノンをはじめそれぞれの権益を守ろうとするアラブ諸国政府や列強を敵に回さないように配慮しながら勢力を拡大すること，である。

⇧イスラエルによる報復攻撃は，ベイルート市民の住居を徹底的に破壊し，ベイルート市街からベイルート郊外へ向かう新たな難民を発生させた。

PLOは，南レバノンを拠点に軍事行動を繰り返し，イスラエルの苛烈な報復を招いていたが，ついに1978年，真の戦争に発展した。この戦争は，アメリカの仲介による，メナヘム・ベギンとヤセル・アラファトの秘密交渉で停戦を迎えた。交渉で和平を作り出したのは，イスラエルとパレスチナの確執の

⇩1974年アラブ首脳会議でのアラファト──サウジアラビアのファイサル国王，レバノン首相タキー・アッディーン・アッスルフ(下)，アルジェリア大統領ブーメディエン，サダト（右ページ）。アラブの様々な権力者と関わる中で，アラファトは老練な戦術を身につけた。

歴史上初めてのことだった。

1973年10月にアラブ軍は奇襲をしかける：第四次中東戦争

レバノン内戦に先だつ1973年10月エジプトとシリアは奇襲をしかけた。その後，イスラエルは反撃に転じ，1973年10月22日には米ソの共同提案で国連安保理決議338号が採択された。この戦争では，アラブ産油諸国やマグレブ諸国が，PLOを強化するためにかなりの援助を提供した。これ以前は，パレスチナ問題に直接関係するエジプト，シリア，ヨルダンの3国だけが当事者であった。アラブ産油国やマグレブ諸国は，この紛争の地から遠く離れているために，パレスチナ問題の被害を受けないと考えていた。だからこれらの国の政府は，パレスチナと連帯を強めて，その代わりに自国民の人気を得ようとしたのだ。

1974年10月にラバトで開かれたアラブ首脳会議は，「解放されるすべてのパレスチナ領土において，パレスチナ人民の唯一の正当な代表であるPLOの指導のもとに，独立の国家権力を確立するパレスチナ人民の権利を確証する」とした（P.164参照）。

その4ヶ月前の同年6月，パレスチナ国民評議会は，断固たる決議を採択していた。段階を追って解放をめざすこと，そして，敵対者が「解放したもしくは撤退した」領土全域において段階を追ってパレスチナ人の権力を確立することを決めたのだ。和平交渉への長い道のりに，最初の石が置かれた（P.164参照）。

PLOは相次いで国際的な舞台で承認される

1974年2月，ラホールで37カ国を集めて開かれた第7回イスラム諸国会議は，PLOがパレスチナ人の唯一の正当な代表

アラファトは「パレスチナの大義の中心」にあるというポジションとアラブ世論への影響力から力を得る一方，「決定の自立性」を守ることに腐心してきた。そのための戦術は，アラブの特定の陣営に組しないことだった。陣営同士，あるいは一国同士で，繰り返しいがみ合ってきた歴史があるからだ。アラファトはソ連崩壊前まで，この戦術を米ソ両陣営の間にも適用していた。アラファトは，PLOの指導者として，巧みな外交手腕を評価されてきた。しかし1991年の湾岸戦争で，この戦術は誤りを露呈する。PLOは，イラクに同情的な態度を取り多国籍軍にも参加しなかった結果，湾岸諸国からの援助を失ってしまうのだ。アラファトは世界を動かす法則が変わったことを理解し，自身が時代に遅れた代償を払うことになった。彼はブッシュ大統領の和平プランへ参加することで，何とかこの遅れを挽回する。

であることを再確認した。7月，中東和平を討議するジュネーブ会議で，アメリカおよび国連事務総長とともに議長を務めたソ連は，PLOが他の参加国と対等の立場で出席することを要請した。10月，国連総会は，フランスを含む105の賛成票で，PLOをパレスチナの人民代表として承認したのである。11月13日にはアラファト議長が国連総会で演説をした。22日，国連決議第3236号が採択されて，パレスチナ人の自決権，主権，民族独立の権利を承認することになった。国連総会にPLOは，オブザーバーの資格で出席を許された。

1977年3月，ソ連とのデタント（緊張緩和）と包括的和平をすすめるカーター米大統領は，「パレスチナ難民にホームランドが与えられるべきである」と明言した。6月，ヨーロッパ各国首脳は，「パレスチナ人民に祖国を与えねばならない」と断言した。10月，アメリカとソ連は，「パレスチナ人民の正当な権利」の保障をパレスチナ問題の解決に含む共同声明を発表したのだ。

1980年6月，ベネチアで開かれたEC理事会は，西欧では初めて，「パレスチナ人民の正当な権利」と，PLOがあらゆる交渉に参加しなければならないことを承認した。

真の文化の復興

ベイルートに外国人は存在しない。1960年代以来ここはレバノンだけではなく，すべてのアラブの知識人が出

「エルサレムの息子たちよ，[…] 私は片手にオリーブの枝を，もう片方の手に革命の銃を持っています。私の手からオリーブの枝が落ちないようにしてください」。
ヤセル・アラファトの国連演説，1974年11月13日

ジャマール・アルフサイニーは，1947年11月に国連で発言した最後のパレスチナ人代表である。パレスチナ人は，国連で発言することを，パレスチナ人の国際社会復帰が認められることと同等だと考えている。

会う場であった。詩や小説のさまざまなグループがあり，討論会があり，美術展が催され，劇団が増えた。ベイルートは多くの政治的亡命者が逃げ込む都市でもある。レバノンの編集者は近隣諸国で発禁になった本を危険を冒して出版する。あらゆる地域の文化や芸術表現を呼吸する肺になった。

パレスチナのレジスタンスは，アラブの反体制派や異議申し立てをする知識人を庇護したので，ベイルートはアラブの自由な表現の場になっていった。アラブの知性はそこで生き生きと活動した。1963年にはパレスチナ研究所，1964年にPLO研究センターがベイルートに設立された。それらは大きな図書館を備え，出版物を集め，定期刊行物を発行し，ヘブライ語の講座を開設した。

この「レバノン時代」は，跳躍へのスプリングボードだった。ここを出発点として，文学作品や大学で教えるパレスチナの知識人が世に知られるようになり，翻訳書が世界中で出版された。

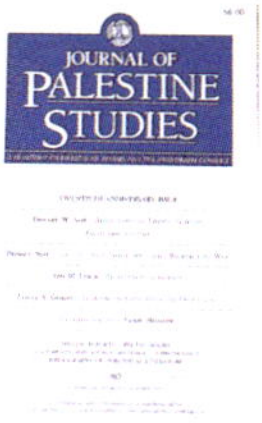

⇧『アラベスク』(右中)──パレスチナの出版物は，ベイルート，パリ，あるいはワシントンで編集されている。特殊な例として，アラブ人キリスト教徒作家アントン・シャンマースの小説『アラベスク』は，ヘブライ語で書かれイスラエルで出版された後，各国語に翻訳された。

1982年イスラエルによるレバノン侵攻

パレスチナの権利の回復はイスラエルの敗北を意味する。ゆえに，イスラエルは「イスラエルと，イスラエルがこの地域で平和に存続する権利を持つことを承認する」という原則を欲する。だから，1977年10月1日の米ソ宣言は，すべての紛争を解決するための土台を以下のように示した。「イスラエルは1967年に得た占領地から撤退し，パレスチナ人が正当な権利を行使できるように戦争状態を終結して，中東のすべての国々の主権と領土の保全と独立とを承認する」。イスラエルは勝者だが，パレスチナ人を承認することが勝者でありつづけることの条件なのである。しかし，この時点ではイスラエルはPLOの承認を要求されてはいなかった。

1977年に発足したベギン政府は，82年，アメリカに警告を発した後，PLOを実力で解散させ，その拠点のレバノン南部からレバノン北部にパレスチナ人を追放することを決定する。1982年6月6日，イスラエルはレバノンに大部隊を侵攻させた。レバノン南部は荒廃し，彼らは首都ベイルートを占領した。パレスチナゲリラはアラブ諸国に見捨てられ，孤立しな

1982年，イスラエルがベイルートに侵攻すると，イスラエルのラジオ局は公式発表を伝える。「イスラエル軍は〝破壊工作者に対する掃討作戦を遂行する。身の安全を守りたい市民には，この地域を爆破する作戦が終了するまで北部に向かうことを勧告する」。この政府の公式発表は，1982年6月25日，イスラエルのラジオ局から市民に向けてアラビア語で放送された。それは，1948年に聞いたハガナによる放送を人々に思い起こさせ，恐怖によるパニックを作り出した。ベイルートはイスラエルの爆撃で昼も夜も燃えつづけた。目的は2つあった。レバノンのPLOを一掃することと，都市民に反パレスチナ革命を起こさせること。だが目的は達せられなかった。

がら抵抗運動を激しく展開したが，８月29日，アラファトを先頭に海路チュニスに脱出した。港まではベイルート市民が涙ながらに付き添った。出発前に協定が締結され，仲介に入った多国籍軍がパレスチナ市民の安全を保障することになった。PLO兵士は，８月21日から９月４日まで，間を置きながら出立したのだった。

⇧西ベイルートではPLOは決定的に孤立しながらも反撃した。市民に見送られ，米つぶとジャスミンの花がふり注ぐ中，パレスチナ兵士は町を後にした。アラファトはギリシア船「アトランチス号」に乗船した・・・

サブラとシャティーラの虐殺

1982年9月14日，バシール・ジェマイエルが爆殺された。イスラエルと協力関係にあったマロン派キリスト教徒の中心的組織ファランジスト党の党首であり，イスラエルのベイルート入りの勢いに乗じて次期大統領に選出された人物である。その報復として16日から，ファランジスト党党員が，サブラとシャティーラの2つの難民キャンプで大量虐殺を遂行した。周辺を制圧していたイスラエル軍の監視下での出来事だった。

殺戮は9月18日夜明けまで続いた。数千の難民（パレスチナ側の調査では3000人以上）が殺され，難民キャンプの路地

⇩サブラとシャティーラの虐殺の犠牲者の無惨な死体置き場――この文字通りの殺戮は，イスラエルをはじめ世界中の人々にショックを与えた。

(P.107)輪の中に矢印とMPの頭文字――虐殺の前日ベイルートの壁に現れた謎の記号である。

に横たわった。1948年以来彼らの日常生活の場だった路地に。

世界中がすさまじい嫌悪を示した。イスラエルでも，非難の声が鳴り止まなかった。何十万もの市民が通りにあふれて彼らの「恥辱」を表し，政府を非難した。

パレスチナ人にとっては，「熾《お》きの時代」の始まりである。指導部はパレスチナから遠ざかりチュニスに移った。

この不気味な道案内が，ファランジストの暗殺者をキャンプの入り口に導いた。かなり有力な推定として，イスラエル人ジャーナリストのアムノン・カペリウクは，著書『ある虐殺に関する調査』の中で，これらのマークがイスラエル軍によってつけられたとしている。

❖「我々は地図の外へ押し出されてしまったが，時の流れの外へ出てはならない」。

1991年9月にアルジェで開かれたパレスチナ国民評議会の会期中，ヤセル・アラファトは，湾岸戦争後に行なわれるマドリード中東和平会議への出席の承認を求め，評議会の議員たちに繰り返し訴えた。……………………………………………………………

第6章

不在からインティファーダへ

⇦パレスチナ国旗を掲げる少年――インティファーダには，占領軍と衝突する直接行動と，象徴的な示威行動とがある。占領下では禁じられているパレスチナの「国旗」を少年が掲げる。軍はそれを降ろしつづける。

⇨女性のデモ――若者たちとともに，女性たちも通りにでた。

レバノンにおけるイスラエルとシリアの覇権争い

アラファトがベイルートを脱出すると，PLO主流派の現実路線に不信感を抱く反アラファト派が分裂し，すぐにシリアの援助を取り付けた。9月以降，アブー・ジハードの指揮のもとにレバノンにとどまっていたアラファト派武装勢力は，シリア軍の攻撃に押されて，レバノン北部トリポリの難民キャンプに立てこもった。11月2日から12月20日まで，戦闘は熾烈を極めた。アラファトはトリポリ市内に潜入し，PLO再統一の道を探ろうとした。

主流派と反主流派はサウジアラビアの仲介で停戦し，12月20日，アラファトは，フランス海軍に護衛されて4000人の兵士とともに再び海路脱出した。レバノン脱出はアラファトの完全な敗北と思われた。そしてレバノンにとどまった難民は，流血によってPLOへの忠誠の代償を払うことになる。虐殺，占領，大量勾留，食糧封鎖が相次いで難民を襲い，1987年にベイルートの難民キャンプがイスラエルに占領された後，弾圧は頂点に達した。死者は6000人に達した。

⇦トリポリを去る船上で疲れた体をいやす少年兵——ベイルート脱出ですでに心に深い傷を負った兵士たちが見たものは，海上を封鎖するイスラエル軍と，街に豪雨のごとく砲火を浴びせる，PLO反主流派を従えたシリア軍だった。この時初めてパレスチナ人が武器を持たない同胞を攻撃した。タブーは破られた。

⇧チュニスに戻る「オデュッセウス号」上のアラファト（1983年12月）――アラファトは，反主流派との停戦合意後，1982年以来PLOの本拠を置いてきたチュニスへの帰還の途上で，エジプトに寄港してムバラク大統領と会談し，世界を驚かせた。エジプトは1978年のキャンプ・デービッド合意でイスラエルと単独講和して以来，アラブ内で孤立していたが，アラファトは関係を結び直し，イスラエルとの和平交渉をめざす歩みを再開したのだ。しかし当時，この訪問の重要性に気づいた者はいなかった。PLO内部でも，アラファトの行動に対する批判が噴出した。

アラファトの再起

新たな亡命で戦力は散り散りになってしまったが，アラファトは精力的に活動を続けた。まず，数千の兵を南レバノンの難民キャンプに再潜入させた。イスラエル軍の駐留地に近すぎて，シリア軍が侵入できないために，両者の支配力がやや弱い地域であった。残りの兵力は，イエメン，スーダン，アルジェリア，リビア，イラクに分散させた。

1984年11月，ヨルダンの首都アンマンで，第17回パレスチナ国民評議会が開催された。ヨルダン政府は会議を受け入れたことによって「アラブの大義」の保証人であることをアピールした。アブー・ジハードはアンマンに本拠を置くことを許され，パレスチナ人ネットワークの再構築に取りかかった。これがのちに第一次インティファーダ（占領地住民の自発的蜂起）の基盤となる。

「占領地」の状況

イスラエル建国後もその領内に留まったパレスチナ人は，権利の拡大と土地の保護を求めて戦ってきた。一方で彼らは，自分たちのイスラエル国籍と，パレスチナ人としてのアイデンティティとの複雑な関係に苦しんできた。

ヨルダン川西岸とガザ地区のパレスチナ人にとっては，事情はまったく異なる。彼らは20年以上も占領下で屈服し，植民政策や経済搾取を受け，武装警官隊や軍に弾圧され，領土

をかすめ取ろうと狙う占領者と対決してきた。「スムード（堅忍不抜）」の精神が行き渡っているヨルダン川西岸では，主として政治的な抵抗運動が繰り広げられたが，ガザ地区の抵抗運動はより急進的であった。1971年にアリエル・シャロン将軍率いる軍が組織的弾圧を始めて以来，ガザは征服者に対する武装行動の舞台となってきた。シャロンはブルドーザーで道を広げ，鉄条網で難民キャンプを包囲し，約1800人の難民をダイナマイトで吹き飛ばし，住民の大半を強制移住させた。だが抵抗は続き，1978年のキャンプ・デービッド合意を受けた「エジプト・イスラエル平和条約」調印後の

全面的な蜂起（1979年５月１日〜６月29日）で頂点に達した。80年以降，ヨルダン川西岸地区とガザ地区における土地没収とイスラエル人の入植地建設が本格化する。

第一次インティファーダの始まり

1987年12月，ガザのジャバールヤ難民キャンプで第一次インティファーダが始まった。パレスチナ人は，PLOがチュニスに追放された1982年から，インティファーダが始まるまでの1987年までの受忍の時期を「熾《お》きの時代」と呼ぶ。この間，人々はレバノンや「占領地」でいつ終わるとも知れない苦難を経験した。救いの手は子どもたちから差し伸べられた。「石の革命」と呼ばれるインティファーダは，子どもたちが

「これはテロリズムではない。無秩序ではない。破壊でも暴動でもない。立ち上がった民衆なのだ。それがわからないのは愚か者だ」。
イツハル・スミランスキー，『ダヴァル』，1987年12月30日。

⇧（P.112も）インティファーダ

はじめた。

インティファーダは，パレスチナ人の連帯を求めた，解放運動の成果そのものである。解放運動は，地理的にもばらばらになってしまった様々な階層の人々を，祖国への帰還という目標でひとつにまとめてきた。パレスチナ人は1970年にヨルダンを追われた後，レバノンを次の舞台としたが，ヨルダンにいても，レバノンにいても，パレスチナ人は連帯できることを示した。そして，パレスチナ人が祖国と国境を接しているヨルダンからもレバノンからも追放され，陸路での帰還も，イスラエルに対する直接攻撃も不可能になったレバノン内戦後，祖国パレスチナで闘争を再開しないならば，もはやパレスチナの大義は死ぬとわかった時，「占領地」ガザでインティファーダが始まった。

インティファーダの影響は大きかった。軍隊と対決する子どもたちの映像を見て世界は衝撃を受けた。インティファーダはパレスチナ人社会を根底から再構築し，全住民の闘争への参加を促した。また，多くのイスラエル人を道徳的危機に直面させ，イスラエル当局をも動揺させるにいたった。平和へと向かう新たな扉が開かれたが，その途上には撃ち殺された子どもたちが，投獄され拷問された無数の若者が，長い列をなして横たわっている。

インティファーダは，パレスチナ人が十分に弱体化してから交渉相手としようと考えた人々の思惑を否定し，パレスチナ人が，自分たちの存在を認められたと感じ，将来の生活に対する不安を払拭できなければ，対等な交渉や相互承認は起

⇩「平和のためのイスラエル委員会」のメンバーとPLOメンバー──左から右へ，ヤコブ・アルノン(元イスラエル財務局長)，ウリ・アヴネリ，アラファト，マティヤフ・ペレド，イサーム・サルターウィー，アブー・マーズィン。アブー・マーズィンは，1970年代以来，PLOとイスラエルとの交渉を担当するセクションの責任者を務めてきた。はじめのうち彼は，理想主義者と呼ばれて批判も受けた。特に1975〜1976年に，彼がモロッコ，スーダン，イラク，イエメンの各国に依頼して，もと国内にいたユダヤ系市民でイスラエルに移住した者に，アラブへの帰還を呼びかけさせたり，反ユダヤ人的な法律を廃止してユダヤ人に平等な権利を与えるように働きかけた際には，大きな批判を浴びた。

こり得ない，ということを示した。インティファーダの自信に満ちた行動は，パレスチナ人の交渉相手に畏怖の念を起こさせた。88年の国民評議会の「独立宣言」も，「二国家共存方式」への転換も，インティファーダの後押しのおかげで可能になったのである。

和平交渉:初期の秘密会談（1968年〜1976年）

ここでしばらく，両陣営の平和主義者の努力の軌跡をふりかえろう。1968年ソフィアで開催された世界青年フェスティバルで，PLOのパレスチナ人とイスラエル共産党「ラカハ」のイスラエル人メンバーが初めて会談した。さらに翌年の夏にはPDFLPがイスラエルの極左運動のマッペンとの対話をはじめた。そして1972年，イタリア共産党の仲介で，PLOとイスラエルの平和主義者が，ボローニャで会談した。その1年後，パレスチナ駐英代表でファタハの一員であるサイード・ハンマーミーが，エリー・ロベルと共に，2国間の共存による解決を強く勧める秘密文書を起草した。同年，ファタハ，PDFLP，サーイカは，「解放，もしくは敵が撤退した領土全域におけるパレスチナ国家権力の確立」に関する10カ条を練り上げた。1974年6月のパレスチナ国民評議会決議を先取りしたものである。1975年5月，PLO欧州代表イサーム・サル

⇩アブー・マーズィン――彼は対話を強化するために小さな歩みを重ねた。1989年7月のトレド会議は，失った機会を取り戻そうとする，和解の意思に満ちた会合だった。会議を主導したのは，アブー・マーズィン，イーラーン・ハルウィー（社会主義インターナショナルでのPLO代表），シモーネ・ビットン（イスラエルの映画人），スペイン社会党だった。91年のマドリード中東平和会議後，アブー・マーズィンはパレスチナ交渉団全体の指揮をとることになる。ガザ，エリコでのパレスチナの暫定自治を認めた93年の「オスロ合意」にイスラエル外相シモン・ペレスと並んで調印するのも彼である。

ターウィーは，ファタハ中央委員会から対話の継続を委任された。1976年5月，元フランス首相ピエール・マンデス・フランスが，サルータウィー，ウリ・アヴネリ（イスラエル人ジャーナリスト），マティヤフ・ペレド（イスラエル軍退役准将），アリエ・エリアフ（1948年当時のハガナのリーダーの1人）との初会合を取り持った。

PLOはイスラエル人との接触をはじめた

1977年3月，カイロで開かれたパレスチナ国民評議会は，「非宗派的・民主的パレスチナ国家」（異なる宗教の住民が共存できる国家）というスローガンに代えて，パレスチナ人による「独立民族国家」という表現を採用した（P.160参照）。また，「占領された祖国の内外で民主的かつ進歩的なユダヤ人勢力と」接触することを正当なものと認めた。

2月に，オーストリア首相ブルーノ・クライスキーは，「パレスチナの指導者は，ユダヤ人国家の存在を事実として認めている」と宣言した。サルターウィーとペレドは，76年にパリで初めて秘密会合を持って以来，これをイスラエルとPLOの月1回の定期協議に発展させていた。アラファトはユダヤ人との対話路線を正式に承認したのである。1978年1月1日，ロンドンでサイード・ハンマーミーがアブー・ニダルのテロ・グループ（アブー・ニダルは，元パレスチナゲリラの幹部。「敗北主義的な」執行部の方針に失望して，シリア，イラク，リビア，そしてイスラエルの当局の手先として働くようになっていった）に暗殺されたが，PLOはヨーロッパで開催されるあらゆる種類の会議にイスラエルを招待しつづけた。ブルーノ・クライスキーは，この新たな政策のなかで，重要な役割を演じた。彼はサルターウィーを社会主義インターナショナルに案内し，ヨーロッパの社会主義者のメンバーに引き合わせた。その人々がイスラエル労働党に仲介したおかげで，サルターウィーはイスラエル労働党メンバーと会談や接触を重ねることができた。

だが，78年3月にパレスチナゲリラによるバス攻撃で，双方に37人の死者が出たのを受けて，イスラエルが南レバノンに侵攻し，イスラエル管理下の「緩衝地帯」を作り上げると，こうした接触は停滞期に入った。

1981年8月：サウジアラビアのファハド国王の和平プラン

ファハド国王（当時皇太子）のプランが目を引く点は次の諸点だ。パレスチナはヨルダン川西岸地区とガザ地区に国家を樹立し，首都を東エルサレムに置く。難民は帰還させるか賠償を与える。また，域内のすべての国家がその場所で平和に存続する権利を持つ。しかし，パレスチナ国家の建設を条件として，イスラエルの生存権を承認するという国王のプランは，すぐに交渉のテーブルにのるわけではない。

1982年，対パレスチナ強硬派のメナヘム・ベギン率いるリクード党が議会選挙に勝利し，イスラエルのレバノン侵攻は避けられないものとなった。選挙直後の6月6日早朝，全面的なレバノン侵攻作戦が開始された（p.104参照）。

対話の努力は続く

1982年7月2日，マンデス・フランス，イスラエルの大物ナフム・ゴールドマン（長年にわたり世界ユダヤ人評議会議長や世界シオニスト機構総裁などの要職を務めた政治家），フィリップ・クルツニックが，和解に向けて歴史的アピールを出した。「平和は友人のあいだにではなく，闘い，苦しんだ敵同士のあいだにつくられる。[…] 今こそ，イスラエルとパレスチナ人民が互いに認め合う時である」。この明快な呼びかけも，武器がぶつかり合う音や，PLOの「根絶」を訴えるアリエル・シャロンの声に，かき消されてしまう。しかし，このアピールの翌日，イスラエルの平和主義者3人は，包囲や

⇧ピース・ナウの街頭抗議——イスラエル人の平和運動には，いくつかの団体がある。「ピース・ナウ」が最大規模だが，その他のより小さなグループも，イスラエルの不法な占領を世論に訴えることに貢献し，重要な役割を果たしている。「黒衣の女性たち」はアルゼンチン独立運動で息子や夫を奪われた女性たちのグループ「五月広場の母たち」にならったもの，「イェシュ・グヴル」（「ものには限度がある」）は「占領地」での軍務を拒否する予備役の軍人のグループである。「ベツレヘム」グループは，「占領地」における人権侵害を監視するパトロールをおこなっている。

爆撃の危険を冒してヤセル・アラファトを訪問した。

そして，9月25日，3000人〜4000人の死者および行方不明者を出した「サブラとシャティーラの虐殺」を非難するイスラエル史上最大の抗議デモが街路を埋め尽くした。この時の参加者40万人の中から，「ピース・ナウ」運動が生まれる。

アラブ首脳会議がファハド国王案を承認する

イスラエルの侵攻を持ちこたえることが出来ず，PLOがベイルートを脱出した後，アラブ首脳会議が先のファハド国王案を承認する。しかしこの前進も，レーガン米大統領による和平構想の発表によって妨げられた。レーガンの和平構想は，パレスチナ人自治政府とヨルダンの連邦をめざすものであり，このような先の見えない和平交渉は賭けに等しいものであった。1983年2月，パレスチナ国民評議会はファハド国王案を承認する。

一方，4月11日にはサルターウィーが，アブー・ニダル派のメンバーに暗殺された。ポルトガルで開催された社会主義インターナショナル出席中の出来事だった。イスラエル側との接触は何とか継続され，パリ，オスロ，アムステルダム，ボストン，ミラノ，ブリュッセルでは，対話集会やセミナー

⇧イスラエル空軍によって爆撃されたアラファトの司令部（チュニスの南，ハンマーム・アッシャット）――この空爆は1985年10月1日に行なわれた。死者60名。アラファトは，集会で引き止められ，間一髪のところで難を逃れた。

といった新しい形の会合が増えていった。イスラエル空軍によるアラファト暗殺計画も，イスラエル議会が1986年8月に可決したPLOメンバーとの一切の接触を禁止する法律も，この流れを食い止めることはできなかった。一方ではインティファーダの盛り上がりが圧力になり，「占領地」で一連の対話活動が始まった。「占領地」内のパレスチナ人代表とイスラエルの平和主義者や平和主義グループとの対話が数多く実現した。

1988年：パレスチナ国家独立宣言と暫定政府の樹立

1988年はパレスチナ人が受けた痛烈な打撃で始まった。4月15日，イスラエル兵がチュニスでアブー・ジハードを暗殺したのだ。アブー・ジハードは，民族運動における文字通り伝説的な人物で，インティファーダの調整役でもあった。インティファーダはよく持ちこたえ，PLO指導部は政策を転換

する誘惑に屈しなかった。

9月14日，EC議会で発言するようストラスブールに招かれたアラファトは，ユダヤ教の新年に当たるその日，プレスの講演会の最後に，「すべてのユダヤ人よ，新年おめでとう」とあいさつし，「勇者たちの平和」を締結しようとイスラエルに呼びかけた。ベギンの後継者イツハク・シャミル首相は，その申し出をきっぱりと拒絶した。

⇧アブー・ジハードの葬儀（1988年4月20日）——パレスチナ人は，インティファーダの有能な組織者を失った。しかしそれでも，暗殺は運動に致命的な打撃を与えなかった。インティファーダは民衆の蜂起であり，外部からあおられた「陰謀」ではないからだ。

11月15日，アルジェで開かれた第19回パレスチナ国民評議会は，パレスチナ国家の独立宣言とパレスチナ暫定政府の樹立を発表する。また会議は，パレスチナ全土の解放という従来の目標を転換して「二国家共存方式による解決」を採択し，1967年11月に採択された国連安保理決議第242号を受け入れた。これは，イスラエルという国家を暗黙のうちに承認したと同じことである。12月7日，アラファトはスウェーデンで，5人のユダヤ系アメリカ人と会談した。そのお膳立てをしたスウェーデン外相ステン・アンデルソンは，アメリカ政府に対しても仲介の労をとった。12月14日，国連総会がジュネーブで開かれた。アメリカのビザを剥奪されてニューヨークに行けないアラファトに発言させるために，スイスの首都に場所を移したのだ。アラファトはイスラエルの承認とテロリズムとの決別を明言した。

新しい一歩は，1989年5月2日に踏み出された。仏大統領フランソワ・ミッテランにより初めてパリに招かれたアラファトは，イスラエル国家の破壊をうたった「パレスチナ国民憲章」の条項は「無効になった」と明言した。

⇦(p.118)ストラスブールで開かれたEC議会で講演するヤセル・アラファト（1988年9月14日）。

⇩エリゼ宮でフランソワ・ミッテラン大統領と会談するアラファト（1989年5月2日）。

動乱のなかで翻弄される和平交渉

「占領地」でのインティファーダが激しさを増し，パレスチナ人もイスラエル人も，交渉への秒読みが始まったと考えた。しかし，イラクによるクウェート侵攻とそれに続く湾岸戦争（1991年）は，生まれかけていた和平プロセスに大きな打撃を与えた。PLO執行部がイラク側についたためである。執行部はイラクがエジプトに代わって，中東の力関係における調整役を果たしてくれるのではないかと，はかない望みを抱き，また「イスラエルがガザおよびヨルダン川西岸地区の占領をやめるなら，イラクもクウェートの占領をやめる」というイラクのはったりに喜んだパレスチナ人の世論に同調するという，

インタビューアー：「パレスチナ国民憲章」から，「イスラエルを破壊する」という条項を削除する考えですか？
アラファト：このことは明確にしておかねばならない。2つの国家を土台にした政治的プログラムの上に私は選ばれた。「国民憲章」については，それにぴったりのフランス語の表現がある。“カデューク”（無効になった）というのがね」。
ヤセル・アラファトへのテレビ・インタビューより抜粋，1989年5月2日。

見込み違いを犯したのである。アメリカのベーカー国務長官が湾岸戦争後の和平工作の手始めに中東地域を歴訪した際，PLOは完全に無視された。この時PLOを救おうと献身的に働いたのは，「占領地」のパレスチナ人で，ファイサル・フサイニー（ファタハの西岸代表），ハナーン・アシュラーウィー（ラーマッラーの大学教授），ザカリヤー・アルアーガー（ファタハのガザ地区代表）らだった。彼らは，PLO抜きでは，彼ら自身が占領地の代表として正当な資格を持ち得ないことを繰り返しベーカーに訴えた。

「我々パレスチナ人民は，苦しみ，誇り，期待のすべてを持って，あなた方の前に立つ。……我々が求めているのは，過去の罪を認めた告白でも，復讐でもない。正しい平和を現実のものにする自発的な行為を求めているのだ」。
ハイダル・アブド・アルシャーフィー，マドリード和平会議パレスチナ代表団長（上）

1991年10月30日：マドリード中東和平会議の開催

冷戦が終結し二極分解した世界が終わったことを自覚したパレスチナ国民評議会議員は，アメリカが屈辱的な条件を押し付けたにもかかわらず，1991年９月，マドリード中東和平会議への出席を圧倒的多数で可決した。その条件とは「占領地」のパレスチナ住民代表がヨルダン代表団の一部として出席するというもので，PLOはこの和平交渉に公式には参加できず，アラブ諸国に離散したパレスチナ人やエルサレム在住のパレスチナ人も会議から閉め出された。しかし湾岸戦争は

イスラエルとパレスチナを交渉の場に向かわせる大きなきっかけとなった。イラク側についたパレスチナ人は，話し合いの場に出なければまた「忘れられ

た」存在になってしまう危険があった。また，何よりもインティファーダのおかげで，イスラエルとの力関係が好転したという自信もあった。対話を深め，積み重ねた結果パレスチナ人に残されたものは，２つの国家の並立という方法だけが現実的な解決であるという確信だった。

「領土と平和の交換」

マドリードで枠組みのできた和平の動きを促進するため，直接の個別交渉が，1991年12月10日からワシントンで始まった。交渉の原則は「領土と平和の交換」すなわち，平和達成と引き替えにイスラエルが「占領地」を返還することであり，目標は国連安保理決議第242号（p.170参照）および第338号（p.170参照）を実現することであった。協議が進むにつれてPLOが公然と論議に参加するようになり，排除された東エルサレムの住民も，顧問団を構成して交渉の席につくことが認められた。多国間会議では，離散状態にあるパレスチナ人が，難民と経済開発の２つの委員会の運営を引き受けた。

1993年9月13日：平和と相互承認の暫定協定

イスラエルでイツハク・シャミルが選挙に敗れ，労働党のラビンが首相になったことは，和平交渉にはずみをつけた。行き詰まりがちなワシントンでの公式レベルでの交渉と並行して，PLOとイスラエルのペレス

マドリード会議は，二国間協議と多国間協議の二本立てで進められた。パレスチナ，シリア，ヨルダン，レバノンそれぞれの，対イスラエル二国間協議と，水資源，経済開発，安全保障，環境，難民といった中東地域の問題を重点的に話し合う多国間協議である。

ワシントンで調印された「オスロ合意」と同時に，双方の当事者は２通の相互承認書を交した（日付けは２通とも1993年９月９日)。「PLOは，イスラエルが平和かつ安全に生存する権利を承認する」「イスラエル政府はPLOをパレスチナ人民の代表者として承認することを決定した」。紋切り型の表現に見えるが，ここには実質的な歴史の大転換がある。パレスチナ人の存在をイスラエルが公式に明言したのは，これが初めてだった。

⇦（p.120下）ビル・クリントンを真ん中に，握手するヤセル・アラファトとイツハク・ラビン外相は，1993年３月からノルウェーの仲介によりオスロで秘密交渉を開始し，８月にはその交渉の成功を伝えるニュースが世界を驚かせた。1993年９月13日，舞台をアメリカに移してワシントンで暫定自治合意（「オスロ合意」）が成立し，５年間の暫定自治期間が定められ，その後，占領地域の「最終的地位」が確立されることになった。しかし，難民，ユダヤ人入植地，エルサレムの帰属といった多くの問題が，時限爆弾のように，漠然とした言い回しのままで残された。1994年５月４日，「ガザ・エリコ先行自治協定」（「カイロ協定」）がカイロで調印され，これらの地域における権限をパレスチナ側に移し，イスラエル軍が撤退することが決まった。パレスチナ人の政府が帰国する道が初めて開かれたのだ。７月１日，アラファトは，27年の亡命を終えてガザに戻った。７日，彼はパレスチナ国民評議会をガザで開く準備に取りかかった。「パレスチナ国民憲章」の改正がその目的だった。しかし，この年には，ユダヤ人入植者によるヘブロン虐殺とパレスチナ人イスラム主義者による自爆テロが連続して起こった。すべてのパレスチナ人住民は共通の法に従わなければならない。パレスチナ自治政府はここで初めて，自身の社会に弾圧を加える必要に迫られた。こうした緊張とそれに伴う幻滅を乗り越えて，９月28日，ワシントンで「暫定自治拡大合意」（「オスロII」）が調印された。イスラエルは１年遅れで第２段階の撤兵を開始し，ヨルダン川西岸のいくつかの都市を明け渡したが，「自然発生的

⇦暗殺直前のラビン（1995年11月４日）

⇩1994年２月25日，狂信的ユダヤ教徒ゴールドシュタインがヘブロンのモスクで銃を乱射，52人の信者が殺された。

「最終的地位」とは，パレスチナ難民，エルサレムの帰属，およびユダヤ人入植地などの難問を含む永久的な解決のことで，これに関する交渉は暫定自治の３年目に始まり，その交渉開始を待たずに，安全保障と外交を除く政府の権限がパレスチナ自治政府に委譲される予定であった。また，民主的総選挙を1994年７月におこなってパレスチナ評議会を選出することになっていた。評議会は，「不可分の領土」と考えられている「ヨルダン川西岸およびガザ地区を覆う権限」を持つはずだった。

な」入植者400人がいたヘブロンはその例外とした。ユダヤ教とイスラム教の共通の聖地ヘブロンの扱いはこの交渉の議論の焦点だったが，解決は後に残された。

1995年11月4日，イツハク・ラビンが暗殺される

1995年のイスラエルの極右によるラビン暗殺は世界中にショックを与え，イスラエルにも大きな衝撃が走った。シモン・ペレスが首相代行となって交渉を推進した。1996年1月20日，第1回の民主的総選挙がパレスチナ人地域で実施された。パレスチナ人にとってもイスラエル人にとっても，これが始まったばかりのノーマリゼーションの最初の恩恵だった。ペレスはこの新しい状況が労働党にとって有利に働くと考え，2月12日，任期満了を待たずに首相選挙を繰り上げて実施することを発表し，人々を驚かせた。しかしこの時，ペレスはイスラエルとパレスチナの両陣営内部における和平反対論の高揚や，イスラエルの入植活動の続行，「オスロ合意」の実現

⇧イスラエルの「怒りの葡萄作戦」──ようやく立ち直りつつあったレバノンのインフラを破壊し，虐殺はとどまるところを知らなかった。4月18日，UNIFIL（国連レバノン暫定軍）のフィジー部隊駐屯地に逃げ込んだレバノン市民106名が爆撃によって殺害された（上の写真）。

⇩第1回パレスチナ評議会選挙──1996年1月20日の選挙で，パレスチナ自治政府議長とパレスチナ立法評議会議員88名が選出された。ヤセル・アラファトが88.8%の票を得て議長に選任され，ファタハが評議会第一党となった。

の大幅な遅延による悪影響を見誤っていた。ペレスは選挙に敗れてしまう。

南レバノンでの流血と労働党の敗北

イスラム主義組織ハマスは，1996年1月5日に指導者ヤヒヤー・アイメーシュが暗殺されたことで，停戦は破られたと判断して，連続自爆テロ事件を引き起こした。2月から3月までに，59人のイスラエル人が殺された。和平へのプロセスは再び停滞した。しかしペレスが敗れた最大の原因は，レジスタンスが急速に力を伸ばしていた南レバノンでの軍事行動の失敗にある。4月にイスラエルは，選挙を控えたペレスの思惑もあって，南レバノンに対して「怒りの葡萄作戦」と称する大規模攻撃を開始し，レジスタンス組織の壊滅を図った。レバノンでの戦闘はアメリカやフランスが積極的に介入した結果，4月中に停戦が成立し，イスラエルははっきりした成果を得られず，ペレスは窮地に立たされる。一方アラファトは，イスラエルの軍事行動に対する沈黙を世論に非難されるなかで，22日，ガザでパレスチナ国民評議会を開催した。「パレスチナ国民憲章」は，賛成504票，反対54票，棄権14票で改正され，イスラエルの破壊をめざす内容の条項が削除された。

ネタニヤフ政権下で停滞する和平交渉に危機感をもったアメリカとヨーロッパはイスラエルに圧力をかけ，エジプトも外交に力を注いだ。一方，イスラエル領内の経済的・社会的状況は悪化した。これらの要因によって，ともかくも交渉が再開され，1997年1月15日，ヘブロンからのイスラエル軍の撤退を規定する「ヘブロン合意」を締結することができた。しかし，イスラエルは条文どおりの撤退を拒否し，条文を一方的に解釈し直した。また1996年9月24日には，エルサレムの「嘆きの壁」に通じるトンネルを「神殿の丘」の下に通して，イスラム教徒地区に入り口を増設した。こうした行為が和平を脅かした。トンネル開通直後の衝突（下）で，パレスチナ人44人，イスラエル人11人の死者が出た。

しかし憲章の改正だけでは，レバノン問題で追いつめられたペレスの立場を強化することはできなかった。5月29日，和平協定に反対する右派リクード党の新党首ベンヤミン・ネタニヤフが，得票率50.4%の僅差で選挙に勝利した。

⇧⇩ジャバル・アブー・グナイム（ハル・ホマ）で座り込み，土地の没収に抵抗するパレスチナ農民──1997年3月，ハル・ホマに入植地が建設され周囲の，パレスチナ人居住地と東エルサレムが完全に分断された。国連総会は「ハル・ホマ」反対決議を2度採択するが，アメリカの拒否権発動により葬られた。

1993〜1997年，平和:初めての収支決算

「オスロ合意」から4年後，和平プロセスは崩壊寸前に見えた。その責任を両陣営の過激派のみに帰するのは，単純化しすぎている。たしかに彼らはパレスチナ指導部の誤りや，イスラエルのためらいや，常にイスラエル側に同調するアメリカの不公平さをうまく利用した。

イスラエル労働党は和平による安全保障を優先するか，今までひたすら拡大しつづけてきた入植地を保持するかの二者択一に追い込まれ，悪魔の誘惑に屈した。彼らは，「オスロ合意」のなかで実施を延期していたすべての条項を取引材料に使った。時間とい

⇦ワイ・リバー会談──ネタニヤフ首相が引き揚げをちらつかせたため，会議はたびたび中断された。ネタニヤフは土地に関する新たな譲歩を含む提案を飲むつもりはまったくなかった。しかしクリントンは譲らず，ヨルダンのフセイン国王に助け舟を求めた。癌に冒されアメリカの病院で療養中だった国王は，この呼びかけに応えて調停に乗り出し，尽力した。これがフセイン国王の，国際政治における最後の活躍となった。左から右へ，アラファト，ヨルダンのフセイン国王，クリントン大統領，ネタニヤフ首相。

うカードゲームにぎりぎりまで賭けて，パレスチナ人の要求水準を下げさせ，半占領状態にあることを利用して，間近に迫ったパレスチナ国家の誕生を妨害しようとした。暫定期間を利用して，他のアラブ諸国との外交関係を正常化しようとしたのである。

また，「オスロ合意」の実施を引き延ばし，「オスロ合意」で約束されたパレスチナ人政治犯の釈放を渋った。さらに東エルサレムからアラブ人を追い出すために既成事実を作り，行政措置を講じ，入植地を拡大した（1993年10月から1995年1月までのあいだに，10万1992ドゥヌムのパレスチナ人の土地が没収された！）。また，生まれたばかりのパレスチナ経済を支配下に置くため，経済，金融，関税政策を実施した。これらが和平を口にしながら，植民地政策の永続を図るイスラエル政治のやり口だった。

パレスチナ自治政府は，半独立・半占領の状況に苦しんだ。政府は交渉の場からいつも獲物なしで戻りながら，世論に対していつまでも忍耐と犠牲を求めることはできなかった。もっと深刻な問題は，非常にアラファト色の濃いこの新政権がすさまじい利権争いの場となり，崇高な人権を確立する理想など吹き飛ばされてしまったことである。パレスチナの会計検査院は，自治政府の予算の3割近くが汚職や違法な乱費や

⇧ヘブロン中心部でパレスチナ人とユダヤ人の居住地を分ける鉄格子──「オスロ合意」の実施を妨げた最大の要因は，ユダヤ人入植地の問題だった。入植地は拡大され続け，和平協議をむしばむ腫瘍となった。

横領で浪費されていると指摘した。選挙に勝利したベンヤミン・ネタニヤフが相続したのは，このおあつらえ向きの火薬庫だった。

不服従政策

ネタニヤフは，選挙に勝利した１週間後の1996年６月７日，彼の政策を発表した。「パレスチナ国家に対してノー，ゴラン高原に関する一切の譲歩に対してノー（前政権がシリアに対して行なった返還交渉を否定しイスラエルの主権維持を主張した），エルサレム分割に対してノー」。７月４日，アリエル・シャロンが入植を担当する住宅大臣に就任した。抑圧とテロの連鎖を生み出しながら，じわじわと，しかし強硬に入植地を拡大する時代がはじまった。そしてついに1996年９月24日，イスラエル政府の許可を得て，エルサレムの「嘆きの壁（ユダヤ教の聖地）」に通じる地下トンネルの出口をイスラム教徒地区に作ったことから，パレスチナ人44名とイスラエル人11名の死者を出す事態に発展した（p.126図版）。

⇩ユダヤ人入植地を守る壁――歴代のイスラエル政府が推進してきた入植地拡大政策に沿って，広大な土地が没収され，パレスチナ人の村を通らずに入植地の間を行き来できるように，7500kmに及ぶ迂回路まで建設された。入植地はある種の要塞の役割を果たしていて，イスラエルのなかでも最も強硬に撤退を反対する人々の居住区である。現在にいたるまで，入植地は隣接するパレスチナ人の村を挑発し，懲罰的な攻撃を加える基地となってきた。

「占領地」の状況が悪化する一方で，イスラエルは国際的な非難を浴び，ネタニヤフの任期中に，イスラエルは外交面で絶えず窮地に立たされた。クリントン政権は和平交渉を再開して，状況を打開しようとしたが成果はなかった。ワシントンあるいは中東で関係国サミットを開催し，調停役はマドレーヌ・オルブライトとデニス・ロスが引き継いだが，失敗に終わった。

1998年1月，ビル・クリントンは領土の再配分に関する合衆国案を発表した。これは「オスロ合意」以来3番目の案で，今までのものに加え，イスラエルが「占領地」（西岸地区）の13％にあたる土地を新たに明け渡すとする案である。ネタニヤフは抵抗し，「最終的地位」に関する協議をすぐに開始するから，再配分案は引っ込めてほしいと提案した。しかしアメリカはこれを押し切り，10月15日，ワシントン郊外のワイ・リバーでトップ会談を開催した。話し合いはすぐ暗礁に乗り上げた。アラファトは「占領地」の再配分が決まるまでは「最終的地位」に関する交渉は一切しないと主張し，ネタニヤフは再三にわたり会談からの引き揚げを通告した。クリントン大統領は異例の圧力をかけ続け，10月23日，やっとのことで「ワイ・リバー合意」が成立した。その結果，ヨルダン川西岸地区の40％とガザ地区の60％はパレスチナ自治政府の支配地域となり，イスラエルは撤退を余儀なくされた。その代わりにパレスチナ人は，「パレスチナ国民憲章」からイスラエル敵視条項を再度削除することになった。12月10日，パレスチナ国民評議会の代表1500人と民間人代表は，14日のクリントンのガザ地区訪問より前に，「ワイ・リバー合意」にしたがって当該条項を削除した。クリントンはパレスチナ人が国家を持つ権利を宣言した。イスラエルは，西岸地区のわずか2％にあたる土地から第1段階の撤退を実施したところだったが，クリントンの言葉に憤激し，この宣言を「パレスチナ人のバルフォア宣言」と呼んだ。その翌日，右派からの批判に耐えかねたネタニヤフは態度を変えた。これ以上の撤退はおこなわず，繰り上げ総選挙をおこなって国民の信を問うという脅しに出たのだ。21日にイスラエル議会（クネセト）は解散し，「ワイ・リバー合意」は凍結された（p.128図版）。

エフード・バラク：選挙戦勝利から2000年7月のキャンプ・デービッド会談の失敗まで

1999年3月25日，EUは「パレスチナ人は国家建設を含む，永久かつ無条件の民族自決権を有する」と再確認した。イスラエルではネタニヤフがパレスチナ人団体の活動停止命令をだし，挑発的な発言を続けていた。入植地の建設もつづき，「ピース・ナウ」の報告によれば，入植地は「ワイ・リバー合意」の成立以降5％！も拡大した。

5月17日，労働党のバラクが首相に選ばれた。首相就任直後，彼は82年の侵攻以来イスラエルが軍事占領してきた南レバノンからの撤兵を受け入れ，「ワイ・リバー合意」の完全実施に向けて，和平交渉を再開し，新たな入植地建設を完全凍結すると確約した。9月4日，バラクとアラファトは，エジプトのシャルム・アッシェイフで，イスラエル軍撤退の日程を合意した。2000年1月半ばまでにヨルダン川西岸地区の7％とガザ地区の4％から撤退し，パレスチナ側に自治を移行することになった。1999年11月2日，クリントン，バラク，アラファトの協議により，「最終的地位」に関する合意の期限が，2000年2月15日と決定された。イスラエル当局の統計では，「大エルサレム（ユダヤ人地区とパレスチナ人地区を合わせたエルサレム全域）」を除外して，ヨルダン川西岸地区に16万6000人，ガザ地区に6100人のユダヤ人入植者が当時暮らしていた。

2000年1月4日，ヨルダン川西岸地区の5％からイスラエル軍が撤退したが，15日，バラクは第3段階の撤兵は「無期限に」延期すると発表した。2月15日の「最終的地位」の合意期限は実質的な解決なしに過ぎてしまった。3月8日，デニス・ロスが暫定自治の期限を9月13日に決定したと発表すると，すぐさまアラファトは，その期限が過ぎたら「最終的地位」についての合意が成立していなくとも一方的に「パレスチナ国家」の独立を宣言する，と明言した。9月13日の最終期限までに棚上げされたままの諸問題を解決しようと，連続協議が始まった。

5月24日，イスラエルは22年に及ぶ南レバノン占領にピリオドを打った。イスラエルが現地で駆り集めて協力させてきた「南レバノン軍（SLA）」は潰走した。

2000年7月11日，選挙戦前に実績をあげたいクリントン大統領は，キャンプ・デービッドの山荘にアラファトとバラクを招いた。2週間にわたるマラソン会談もクリントンのなりふり構わぬ圧力もかいなく，7月25日，交渉は決裂した。

✐アラファトを「エスコート」するバラク――このシーンの報道は世界を駆け巡ったが，キャンプ・デービッド会談の現実は，ばら色とはほど遠かった。ともに脆弱な権力基盤に立つバラクとアラファトは，エルサレムの扱いをめぐって最初から決裂し，ビル・クリントンは，直接会うことを拒絶した両代表の部屋をむなしく往復するだけだった。厳しい報道管制にもかかわらず，交渉失敗のニュースはすぐに世界中に配信された。バラク連立政権内のタカ派は，バラクが会談中エルサレムの扱いについて最小限の譲歩をおこなったことを非難し，ますます首相の立場を危うくした。エルサレム問題と難民問題で譲歩を懸念されていたアラファトは，バラク案を拒否しとおして会談後に人気を回復した。

キャンプ・デービッドからタバまで：失敗の原因と第二次インティファーダの開始

キャンプ・デービッド会談については，様々なことが言われてきた。手の施しようのないほど両者は対立していたという者もあれば，「平和は手の届くところにあった」という者もあった。心を開いたバラクに対して狡猾な本性をあらわしたアラファト，占領者の「寛大な提案」を拒否する被占領者の「忘恩」，などとも言われた。失敗の原因は今後も追究されるだろう。それは会談失敗後に始まった暴力の連鎖の責任の所在にかかわることなのだから。

⇩ガザ国際空港の開港式──1998年11月24日，ガザ空港とガザ港の開港式が盛大におこなわれた。ガザ港とガザ空港の開港は，95年9月の拡大自治合意で約束されていた。ヨーロッパをはじめとする各国の援助のおかげで，パレスチナ自治政府は国家の財源を確保し，空港のような国家のシンボル的な施設も造られたが，決定的なものが欠けていた。国境線は完全にイスラエルの管理下にあり，パレスチナ人に与えられた領土は，入植地によって取り囲まれ分断されて，飛び地だらけだった。このように通行止めの柵がいくつもある分断された領土で，いつも屈辱を感じ，平和がもたらすはずだった安楽な暮らしはやってこず，失望が広がった。こうしたことが落胆を育て，第二次インティファーダにつながったことは間違いない。「占領下の方が暮らしやすかったじゃないか」と。

しかし，この問題には非常に多くの要素が絡み合っている。まず第一に，この会談に向けてアメリカ政府は準備不足だった。クリントンは大統領選の直前に，中東で歴史的な成功を収めようとあせっていた。

次にバラクは労働党がクネセトの過半数を占められずに連立政権を組むなかで，この会談にやって来た。極右に見捨てられて文字通り選挙戦の崖っぷちに立たされていたバラクは，会談の最中におこなわれた自国での世論調査で，支持率が急落するのを見て，身動きがとれない状況に追い込まれた。彼はアラファトに対してより強硬に要求を突きつけることによって，そこから抜け出そうとした。

アラファトは差し迫った理由というよりは，歴史的な経緯のために，提案された取引を受諾できなかった。要するに，このキャンプ・デービッド会談は紛争解決のための過去の交渉のどれにも似ていなかった。エルサレム，難民，ユダヤ人入植地といった論議紛糾が必至の問題に，検討に値する提案はなかった。エルサレムについては，それまで不可分の原則を貫いてきたイスラエル側から初めて分割の可能性が示唆されたものの，難民についてはまったく触れられず，「占領地」は入植地で分断されたうえ主権も制限された。パレスチナ人に対して国家の承認と引き替えに要求された対価は，100年にわたる闘争の根底にある希望を否定するに等しく，彼らの社会そのものが自滅する危険を背負うほど大きなものだった。キャンプ・デービッド会談後にイスラエルはパレスチナ執行部に対して，イスラエルの「寛大な提案」にパレスチナが譲歩を拒絶し，頑迷な失地回復運動で応えたという中傷キャンペーンを起こしたが，これはそうではない。2001年1月，エジプトのタバでおこなわれた協議がそれを証明している。「タバ協議」は両者の歴史的経緯と心理的な側面に配慮しながら，諸問題を徹底的に検討し政治的・戦略的課題を処理することによって，双方が受け入れ可能な提案に到達した。

しかしこの「タバ協議」も時すでに遅く，バラクは首相選挙の投票日が迫るにつれて，これが選挙に不利に働くのではないかと恐れるようになり，代表を呼び戻した。「タバ合意」は署名されなかった。しかし，解決不

↙（左から右へ）パレスチナ自治政府地方行政相ウライカート，イスラエル法相ベイリン，パレスチナ自治政府文化情報相アブド・ラッビヒ。「タバ協議」に参加した3人。この写真に，交渉成功を疑う影はみじんもない。しかし，イスラエル首相選挙まであと数日のこのとき，交渉成立はありえなかった。苦渋に満ちたキャンプ・デービッド会談とは違い，交渉担当者が最終声明で「これほど合意に近づいたことはなかった」と言ったほどの，真のチャンスを逸した。今日，両陣営で平和を望む人の多くは，特に難民の帰還問題については「タバ協議」での合意点から出発すべきだと考えている。

可能と思われていた難民と，その帰還権の問題についても両陣営は合意を目指したのだ。キャンプ・デービッド会談の決定的な失敗と比べ，タバ協議はイスラエルとパレスチナが平和に共存できる新しい時代の間近にまで迫った，と人々は理解した。

⇦「神殿の丘」から立ち去るシャロン（2000年9月28日）──1982年には凄惨なレバノン侵攻を計画し実行した国防相，1953年にキブヤ村の大量虐殺を，1956年と1967年にはエジプト人捕虜の虐殺を命じた指揮官，1982年にサブラとシャティーラの難民を虐殺した「黒幕」が，表舞台に戻ってきた。

アメリカ，ヨーロッパ，アラブ諸国が決裂したままの交渉を何とか救おうと努力していた間，現実の状況の悪化がパレスチナの立場をますます弱くしていた。ネタニヤフをリクード党首から追い落とし，バラク批判の声をまとめ上げたシャロンは，1983年にサブラとシャティーラの難民虐殺の責任を問われて以来の政治的不遇の時代をついに抜け出した。2000年9月25日，彼はエルサレムのイスラム教の聖地「神殿の丘」に入る許可をバラクから取り付けた。シャロンになら勝てると見くびっていたバラクは，ネタニヤフの対抗馬としてシャロンの立場を強めた方が自分に有利だと考えたのだ。キャンプ・デービッド会談決裂後，対イスラエル感情が悪化していたなかでのこの訪問は，パレスチナ人に対する明らかな挑発だった。9月28日，警察隊に護衛されたシャロンがアルアクサー・モスクのある「神殿の丘」に入ると，金曜の礼拝から出てきたパレスチナ人が抗議デモを組んだ。警察隊の銃撃で，7人が殺され，220人が負傷した。衝突は瞬く間にパレスチナ人居住地全域に広がった。道はシャロンの前に開かれた。シャロンは，対パレスチナの治安回復だけを期待されて，2001年2月6日にイスラエル首相に就任することになる。

⇧第二次インティファーダは，2000年9月29日に始まった。上は，イスラエル軍に立ち向かうパレスチナ人の若者。

ここに第二次インティファーダが始まった。

אולצקי בע"מ
CAT

資料篇

嘆き と 希 望

1 シオニストへの約束

1919年に開催された最初のパレスチナ会議の代表者たちは，あまりにもお人よしだったのだろうか？　彼らは，パレスチナの未来の地位に関して下されたヴェルサイユ会議の決定に，影響を及ぼすことができると考えていた。その一方で，バルフォア宣言や委任統治に見られる不正を，彼らは認めてしまったわけではない。すべては1919年に起こった。

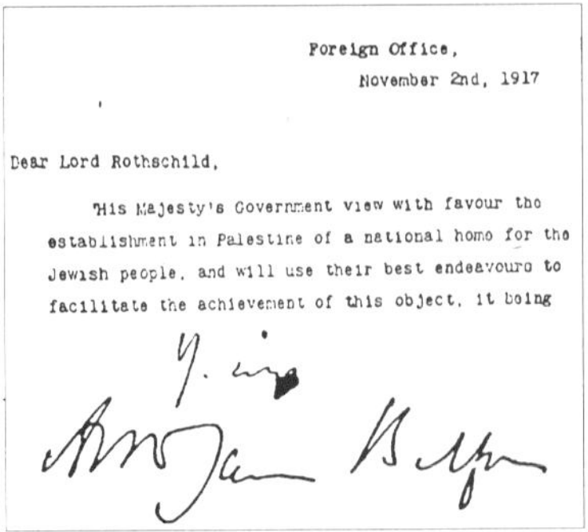

Foreign Office,
November 2nd, 1917

Dear Lord Rothschild,

His Majesty's Government view with favour the establishment in Palestine of a national home for the Jewish people, and will use their best endeavours to facilitate the achievement of this object, it being

⇧バルフォア宣言（ロスチャイルド卿に宛てたバルフォア卿の手紙）1917年11月2日

バルフォア宣言

ありふれた文体で書かれた一通の短い手紙が，20世紀に起こったもっとも長い紛争のきっかけとなった。

親愛なるロスチャイルド卿

イギリス政府の名のもとに，シオニストの希求に対して共感を示す下記の宣言をお送りいたします。これは閣議に提出され，承認された宣言であります。

「イギリス政府は，パレスチナにユダヤ人のための民族的郷土を建設することを好意的に受けとめ，この目的の実現を容易にするために，あらゆる努力をするであろう。ただしその場合，以下のことは理解されなければならない。パレスチナに現存している非ユダヤ人社会の市民的・宗教的権利や，他のあらゆる国々に住むユダヤ人が享受している政治的な権利や地位を侵害しうるようなことは，一切行われてはならないということである」。

この宣言をシオニスト連盟にお伝えいただければ幸いです。

第1回パレスチナ・アラブ会議

1919年エルサレム。パレスチナ人は，連合国によって約束された独立が実現しないであろうことを，すでに知っていた。それにもまして悪いことに，彼らの国がユダヤ人国家となる運命にあった。この時，パレスチナ人は，憤ってはいたものの，素朴な感覚をもって異議を唱え，警戒を呼びかけた。この種の素朴な感情は，アメリカのウィルソン大統領によって民族自決の原則が唱えられた時代に特徴的なものである。

…「彼ら（パレスチナ・アラブ会議の参加者）は，あらゆる討議に先立って，あなた方の会議（ヴェルサイユ講和会議）に対して，強い抗議を表明することを決定いたしました。なぜなら，ある知らせが彼らのもとに届いたからです。その知らせとは，私たちの国をシオニストの民族的郷土にするという約束が取り交わされ，さらにシオニストが私たちの国に移住し，植民地化しようともくろんでいるというものです。

それゆえ，現在生きているアラブ民族の代表として集まった，私たちイスラム教徒とキリスト教徒は，他の新興民族と同様に連合国によって会議から外されている以上，私たちに何の相談もなくこの方向に沿ってなされたすべての決定を完全に拒否することをお伝えいたします」

1919年2月3日にヴェルサイユ講和会議へ送られた電報

委任統治に関する文書

第1次世界大戦後，パレスチナはイギリスの手に落ちた。もっとも表向きには，イギリスが国際連盟からパレスチナの委任統治を託された形をとっていた。これはイギリスの外務大臣バルフォアによって取り交わされた約束が，実現したことを意味していた。こうしてバルフォア宣言は，国際的に受け入れられていったのである。

国際連盟の指針

……さらに，主要連合国の同意が得られたのは，以下のことである。パレスチナにユダヤ人の民族的郷土を建設するために，1917年11月2日にイギリス政府が宣言し，上記の主要国が採択した事柄については，委任統治受任国が責任を持って実行する。ただしその場合，パレスチナに現存している非ユダヤ人社会の市民的・宗教的権利や，他のあらゆる国々に住むユダヤ人が享受している政治的な権利や地位を侵害しうるようなことは，一切行われてはならない。

主要連合国は，パレスチナの委任統治受任国として，イギリスを選出する。……その期限については以下のように決定された。……

委任統治受任国は，以下のことを可能にするような政治的，行政的，経済的な状態をパレスチナに定着させる責任を負う。すなわち，序言で予想されたように，ユダヤ人のための民族的郷土を確実に建設し，外部から干渉を受けない統治制度を発展させ，さらにパレスチナの全住民に対して，たとえ彼らがどのような人種でどのような宗教を信じていようと，市民的・宗教的な権利を保護することである。

イギリスの委任統治に関する文書の抜粋

「あなたはどう思われますか?」

1921年以来繰り返されてきた暴力と鎮圧では，民衆の嘲弄を抑えることはできなかった。

シャキーブ・エフェンディー・アンナシャーシービーは，エルサレムから私たちに次のような手紙を送ってきた。

「バルフォア宣言の全文を，あなた方が発行している尊敬すべき新聞に掲載していただけないでしょうか。バルフォア宣言が，ユダヤ人に対して何の代償もなく民族的郷土を与えることを想定している文書であるのかどうか，確かめたいのです。実は，私は一定の期間エルサレム総督のストーズ氏に，自分が所有している家を賃貸してきました。ところが，賃貸借契約が切れた際に，私の家はシオニストに押収され，彼らの音楽学校にされてしまったのです。私は家を取り戻すか，もしくは賃貸料を徴収しようと思い，8ヶ月ほど前から総督や法律顧問に異議申し立てをしてきましたが，何の成果も得られませんでした。

バルフォア宣言は個人の所有物をも対象としているように，私には思えてきました。このことについて，わかりやすく説明していただけませんか。もしもバルフォア宣言がそのような性質のものであるならば，私は異議を唱えるのをやめ，すべてを神にゆだねるつもりです。敬具」。

「フィラスティーン」

1921年3月30日

2 パレスチナのイギリス人

抵抗の中でパレスチナの社会が姿をあらわした。社会のリーダーや女性や地下組織の同志，あるいは絞首刑を宣告された知識人たちの最後の手紙，さらには不服従を呼びかける文書を通して，ある人民の顔が浮かび上がる。後に人々から，「存在したことのない人民」，と呼ばれたある人民の顔が……。

⇧委任統治下のパレスチナの囚人たち

武器の密輸入に抗して

1921年12月20日に，ハイファ港のイスラム教徒とキリスト教徒の団体が，高等弁務官に送った抗議の手紙の抜粋。

私たちは気持ちの面でも言葉の上でも，自分たちのアイデンティティを守り，自分たちの権利を擁護するために，絶えず嘆願し，抗議しつづけてきました。

……高等弁務官閣下は，最近ハイファでモーゼル銃とさまざまな武器が偶然大量に発見され，こうした銃器によって多くの血が流される危険性があるということをご存知だと思います。これらの武器は，この地で騒乱を引き起こそうとしているシオニストの指導者の一人に送られてきたものです。まだ発見されていない武器のほうが，もっと多いはずです。それゆえ，この地域全体に不安が広がっているとしても，そして民族主義者たちがあらゆる手段に訴えようとしているとしても，驚くに値しません。というのも，現に私たちは皆，さまざまな陰謀に狙われていると実感しているのですから。これまで私たちは総督府に全面的な信頼を寄せてきましたが，もはや総督府に対してどのように振舞ったらよいのかわからなくなってきました。私たちに対する総督府の態度に，確信が持てなくなっているのです。

……そして土地の略奪に抗して

ナザレ地方の土地の売買に関して，アラブ執行委員会が送った抗議の手紙からの抜粋。ナザレ地方に，オスマン帝国の徴税請負人が再び現れた……。

高等弁務官閣下

パレスチナのアラブ人たちは，ある知らせを聞いて，仰天し啞然としています。その知らせとは，ナザレ地方にあるアフーラ村，ハンフィース村，ジャバーター村，シャッタ村，スーラム村の土地が，スルスク家の人々によってシオニストたちに売却されているというものです。アラブ人は，スルスク家の人々とシオニストの間で合意が成立したことに，反発しているのではありません。誰も気にかけてこなかった土地に関する基本的な権利を，第三者であるスルスク家の人々が持っているということ自体に反発しているのです。……

この問題が法的，社会的，政治的な観点から検討されるなら，明らかに総督府にはこのような売買に反対する義務があるように思われます。こうした売却は権利の略奪以外のものではありません。結局，アラブ人は土地に関する権利を失ってしまう危険性があり，その結果，状況は混乱するでしょう。……それというのも，以下のような理由があるからです。

1．何世代も昔から今に至るまで，これらの村々には，現在の住民たちが使用している家屋が建っています。

2．土地に関する現在有効な法律によると，長い間土地を実際に使ってきた人間が，その土地に関する証書を受け取ることになっています。この証書によって，彼らはその土地を自由に使用する権利が保証され，何人も彼らから土地を奪うことができなくなります。

3．オスマン帝国スルタン，アブデュルハミト2世の時代に，村人たちは耐えがたい状況に追い込まれ，……それでも何とか土地を使用しつづけたいと願ったため，自分たちの土地を仕方なくスルスク家の人々の名前で登記しました。……総督府はこれらの事例について検討し，その結果，このような多くの土地を本来の所有者に返還することを決定しました。締結された協定の表現に従えば，いま実際に耕作している者に返還すると決めたのです。ビーサーン村とファーリアー村の土地は，そのように返還されました。アブデュルハミトが専制政治を行っていた時代に始まる名声や権力を持ち出して，一部の外国人が所有権を主張している土地に関しては，その土地の本当の持ち主である農民たちの権利を守るために，土地を返還するという見解を取ったのですから，似たような土地の売買に対しては，どのような形のものであれ，総督府は反対する必要があるのです。

4．このような土地の売買がつづけられると，数百の家族がこれまで平和に暮らしてきた場所から離れざるを得なくなります。

彼らは自分たちの土地を耕作することによってのみ，生計を立てることができるのですから。もしもこのようなことが現実のものとなったなら，さまざまな混乱が生じ，住民も総督府も莫大な損害をこうむることになるでしょう。

「フィラスティーン」

1924年8月25日

第1回パレスチナ女性会議

最初のパレスチナ女性会議が開かれたのは，1929年10月のことであった。この日以後，パレスチナの女性たちは全土に及ぶ運動に全面的に突入していった。1936年の大規模なストライキに代表される，現地での絶え間ない積極的な行動に加え，1930年代以降は，近代的な考えをもった女性たちによるカイロでの運動のように，アラブ世界全体のさまざまな女性活動家たちがパレスチナを支援するようになっていった。

高等弁務官閣下

パレスチナのアラブ人女性たちは，これまで民族的な要求に口出しすることを差し控えてまいりました。しかし，パレスチナが荒廃していく状況を目の当たりにして，もはや沈黙していてはいけないと感じています。……

それゆえ，今日，パレスチナのアラブ人女性たちは全国規模の会議を開催して，バルフォア宣言が無効だと明言され，それに由来する政策が中止されるまで，消極的な態度をやめ，パレスチナの権利を守る運動に身を投じると決意しました。

私たちは以下の事実に抗議することも決定いたしました。

1．政治や経済が悲惨な状況にあるにもかかわらず，シオニストが移住をつづけていること。

2．集団に刑罰を課すという法律は，あらゆる文明的な法制度と相反するものであるにもかかわらず，以前の法律よりも優先され，実施されていること。

3．ユダヤ人のために便宜を図り，アラブ人と敵対しているシオニストのベントウィッチ氏が，検察を指導する地位にとどまりつづけていること。

4．警察が拘置されたアラブ人に対して暴力や拷問を加えていること。

第1回パレスチナ女性会議の決議文からの抜粋

「アルジャーミア・アルアラビーヤ」

1929年10月4日，エルサレム

ある知識人の遺言

ジャムジューム，アルズィール，ヒジャーズィーの3人は，パレスチナの愛国者であった。彼らは一人の入植者を殺害したかどで起訴され，最後まで無実を訴えたにもかかわらず，有罪判決を受けた。３人が殺人の嫌疑をかけられたのは，イギリス警察のメンバーの一人であったアラブの軍人の証言がきっかけだった。1930年６月にサファドで彼らが絞首刑になった後，暴動が発生した。以下は，有罪判決を受けたフアード・ヒジャーズィーが最後に書いた手紙である。

⇧フアード・ヒジャーズィー

親愛なるわが弟ユースフとアフマドよ，神がおまえたちに幸運を恵まれんことを！

私の最後の願いは，おまえたちが私の忠告に従って振舞うことだ。どうか兄弟愛を大切にして，互いに助け合って生きていってほしい。この世の悲惨さを物ともせず，真面目に熱心に働くように。

……親愛なるユースフよ，常に穏やかな気持ちを保ち，冷静さを失わず，災いを招くようなことは決して行わないでほしい。私が死んでも悲しんではいけない。私はこの時のために神によって創造されたのだし，私の大いなる栄光は，パレスチナに住むアラブ人の大義のために死ぬことなのだから。おまえは近親者たちの前でも昂然としていなければいけないし，心に悲しみが入り込まないようにしなければならない。いつも新しい服を着て，毎日ひげをそりなさい。旅行や祭には，いつも以上に出かけていけとは言わないが，これまで通りに参加しなさい。

おまえはむしろ自分の将来について考えなければいけない。神が私にこのような運命を課したとはいえ，おまえ自身のことに関しては，あらためて神の判断にゆだねなければならないのだから。私について言えば，私に不利な証言をしたすべての人々，とりわけサイード・アルアスカリーのことを許そうと思う。その代わり，最後の審判で彼に会った時に，全能にして至高の神の恩寵によって，彼に貸したものを返してもらうことになるだろう。

おまえは誰のことも恨んではいけない。それよりも母さんの言うことをよく聞き，母さんを尊敬するように。

おまえが訪ねてきて，私のために復讐すると言ってくれた時は，感激した。けれども，わが親愛なる弟よ，それはおまえにはかかわりのないことだ。もはや私はおまえだけの兄ではないのだから。いまや私はアラブ民族の兄弟となり，ウンマ（共同体）全体の息子になったのだ。

アフマドよ！母さんとユースフ兄さんの言うことをよく聞くように。

アフマドよ，穏やかな気持ちを保ちなさい！とにかく穏やかな気持ちを保ちなさい！私の洋服は一ヶ月間そのまま保管して，その後はどうか着てほしい。私を埋葬する際に，背広を着せてほしいなどとはまったく思っていない。肌着と，フランネルのシャツと遺体を包む布だけで十分だ。

涙を見せたり，嗚咽や叫び声を上げたりすることがあってはならない。私は生涯そういったものが好きではなかったし，ましてや服をかきむしって嘆き悲しんでもらいたくはない。

歌ったり，笑ったりしてほしい。ある意味では，私は死んではいないということをわかってくれ。

墓をつくるにあたっては，エルサレムのアラブ扶助委員会が費用を出してくれるはずだ。

墓は手すりで区切られた四角い緑の芝生で囲んでほしい。

母さん！私が母さんに求めることは一つだけです。これまでに私がしてきたお願いと同じように，それがどんなに辛いことであっても，どうかお聞き入れ下さい。私の墓へ行くのは，多くても週に一度にして下さい。私の墓参りをすることが，母さんの唯一の仕事にならないようにして下さい。

私が絞首刑に処される日は，人々が陽気になるような，喜びに満ちた日にならなければなりません。これから毎年6月17日は，陽気で喜びにあふれた日になってほしいのです。6月17日が歴史的な日となり，パレスチナとアラブの大義のために私たちの血が流されたことを記念して，さまざまな演説が行われ，頌歌が歌われるようにならなければならないのです。

フアード・ヒジャーズィー

「アルヤルムーク」，ハイファ，1930年6月18日

最近，犯罪者たちが一つのグループを結成した……

警察はこの型通りの声明の中で，アルカッサームが戦闘の中で死亡したことを発表した。シリア出身のシャイフ（＝イスラム法学者）であったアルカッサームは，全国的に広がった運動の中心人物の一人であった。彼はシリアで発生したフランスに対する反乱に参加し，その後ひそかにハイファに移り，自分の名前のついたグループを結成した。1936年から1939年までつづいた抵抗運動の間，彼の影響力は非常に大きかった。

最近，ナーブルス地方の北部で，犯罪者たちが一つのグループを結成し，その後山岳地帯に居場所を移した。11月17日にカフ

⇧アルカッサーム

ル・カードで警察が殺害したムハンマド・アブー・アルカーシム・ハラフという男は，このグループのメンバーであった。今日の明け方，ナーブルス警察，トゥールカルム警察，ジェニン警察の部隊は，ジェニンから西に10マイル（16km），ヤーバドの北にあるシャイフ・ザイド村を包囲した。ここは以前から，犯罪者グループが潜んでいるのではないか，と疑われていた場所である。警察は近くの林から，犯罪者グループに対して発砲した。

犯罪者組織が反撃してきた時，警官たちは自分たちが武装グループの正面にいることに気付いた。その後，場所を移動しながらも銃撃戦はつづき，午前１１時頃，谷底で戦闘は終結した。

犯罪者グループのメンバーは，４，５人が死亡し，５人が逮捕され，うち１人が重傷を負った。これがこの組織のメンバー全員であった。また，小銃９挺，猟銃１挺，自動小銃１挺と，多量の弾丸が発見された。

イギリス警察側からも，まことに残念なことに，１人の殉職者と１人の軽傷者が出た。

犯罪者グループの遺体を調べた結果，シャイフ・イッズ・アッディーン・アルカッサーム，同じくシャイフ・ユースフ・アブドッラー・アフマド，シャイフ・サイード，さらにサイード・アティーヤ・アフマドの身元が確認された。

……イッズ・アッディーン・アルカッサームは，今月の初めから行方をくらませていた。彼はこのグループの創設者であり，リーダーであった。

声明35号から43号

1935年11月20日

「大ストライキ」を呼びかける最初の文書

パレスチナは異常な状況に陥っている。占領が始まってから現在にいたるまで，イギリス政府が行ってきた政策は不公平きわまりない。イギリス政府の態度とその計画を見るかぎり，彼らにはアラブ人を正当に評価するつもりも，アラブ人の民族的な願いをかなえるつもりもないことは明らかである。反対に，パレスチナでもロンドンでも，あらゆる力，あらゆる方法を用いて，ユダヤ人の民族的郷土を建設しようとしつづけている。これはアラブ人の意思に反することであり，このような公正さを欠く政策によって，政治的にも経済的にもさまざまな影響がもたらされている。このことから明らかなのは，ある人民を彼らの意思に反する形で統治することはできないということである。その証拠に，イギリスが軍事力を増強しているにもかかわらず，ここのところパレスチナでは暴動が頻発し，混乱が広がっている。

そのため，今朝，ヤーファの住民が大勢集まり，このようなひどい状況はイギリス政府による異常な措置や不公平な政策の当然の帰結だ，ということを確認しあった。ヤーファの住民たちは，さまざまな階層から構成され，さまざまな信仰を持つ者が混ざっている。

こうして，彼らの代表者たちは，アラブ人の土地からアラブ人を追い出すという計画に反対するため，ヤーファに住んでいる人々にゼネストを呼びかけるという基本方針を採択した。ストライキを組織するために，下記に署名した委員会が結成され，この委員会を通して，全地域のアラブの民衆に，ともにストライキに参加するように呼びかけを行った。こうして，ゼネストへの呼びかけがアラブの民衆の意見を完全に反映している，ということが保証されたのである。委員たちの心の中には，民衆は平静さを保つためにかなりの我慢を重ねてきている，という確信があった。あらゆる不幸が襲いかかってきたにもかかわらず，この気高い民衆は正当な要求を放棄したり，当然の願いをあきらめたりしないであろう。

陸上でも海上でも，ストライキを始めよう！

平和と神のご加護が，アラブ民族の上にあらんことを。

ヤーファ　1936年4月20日

イーサー・アルシフリー

「委任統治とシオニズムの間にはさまれたパレスチナ」

パレスチナ新書籍販売出版

ヤーファ　1937年

アラブ最高委員会による税金の支払いを停止するための呼びかけ

アラブ人民へ

1936年5月7日(木)に皆さんを代表して開かれた会議において,「代表権を与えられないまま税金を支払うわけにはいかない」という原則に従って，今月15日から税金の支払いを一時停止することが決定されました。期日が明日に迫っているにもかかわらず，自らのアイデンティティを守り，祖国を維持するという皆さんの要求は，いまだに合意を得られていません。そのため，アラブ最高委員会は皆さんに対して，会議の決定を断固として，献身的に実行に移すように求めます。あらゆる暴力を排し，平和的な方法を用いることで，皆さんが求めているのは，奪われた権利であり，自分たちの神聖な土地をめぐる現実的な平和だということを示すのです。

⇧エルサレムの大ムフティーが議長を務めたアラブ最高委員会，1936年

「フィラスティーン」　1936年5月15日

ピール委員会の聴取と覚書

次の文書には，王立委員会が現地で行ったさまざまな調査の特徴が現れている。王立委員会は，イギリス政府に勧告書を提出する前に，このような現地調査を行っていた。なかでもピール委員会は，パレスチナの分割を強く勧告した。以下のアラブ最高委員会の見解書は，現地の状況を説明している。

パレスチナに住むアラブ人の名において，アラブ最高委員会は，皆様方の王立委員会にこの声明書を提出いたします。この声明書を通じて，パレスチナに住むアラブ人の大義を説明し，1919年以来絶えずパレスチナで繰り返されてきた騒乱と，昨夏に突発した騒乱の主要な原因を列挙いたしました。

騒乱の主要な原因は，結局のところ次の二つのことに帰着いたします。

1．パレスチナに住むアラブ人から，自然権と政治的な権利を剝奪したこと。

2．ユダヤ人の民族的郷土を建設するという政策は，この地域のアラブ人のアイデンティティを消滅させてしまう危険性があるにもかかわらず，イギリス政府がこの政策の遂行に固執していること。

以下は，こうした原因がもたらした結果です。

①パレスチナに住むアラブ人の大義とは，独立を目指す民族的な大義であります。この場合の独立とは，他の地域に住むアラブ人の独立と本質的に変わりのないものでなければなりません。このような大義は，近年生まれたものではなく，大戦争（=第1次世界大戦）以前にすでに存在していたものです。

アラブは，オスマン帝国のかなりの部分を占めていました。そのため，アラブ人はトルコ人の支配を甘受してきたというわけではなく，アラブ人の運動や，連合国による彼らへの援助の目的が，アラブ人をトルコ人から解放することにあったというのは誤りです。実際に，アラブ人はオスマン帝国の中で，その憲法の条文にしたがって，政治的な面でもその他の面でも，トルコ人と同じような権利を有していました。

アラブ人は，軍事的な分野でも非軍事的な分野でも，さまざまな地位をトルコ人と共有してきました。……その中には，評議会の議長や，大臣や，小隊の指揮官や，大使や，総督の地位も含まれています。アラブ人は，上院でも下院でも，オスマン帝国議会の両院において，トルコ人のパートナーでした。アラブ人が占める人口の割合に比例して，数多くの議員がアラブ人の代表として選出されていました。これはオスマン帝国の憲法や選挙法に則したことだったのです。さらに，アラブ人の居住地は，それぞれの地区，地域，地方の行政審議会によって管理され，またエルサレムのような独立した地域や地方では，選挙によって形作られた議会が運営をしていました。このような独立した地方の議会は，行政，財政，教育，開発計画に渡って，大きな特権を有していたのです。

それにもかかわらず，アラブ人は，自分たちが住んでいる地域の統治権を完全に掌握したいと切望していました。……独立という考え方は，非常に早い時期から，一部のアラブの名士や若者たち—その中には数多くのパレスチナ人も含まれています—に支持され，彼らはこのような考え方を武力によってアラブ人社会に広めました。1908年以降（これはオスマン帝国憲法が採択された年です），アラブ人の独立を実現しようとするこうした動きは特に活発になります。1913年に開催された最初のパリ会議は，独立を求めるアラブ人にとって最も大きな示威運動の場となりました。しかし，その一方で，特にこの会議の後，彼らの同志たちは厳しい弾圧を受け，多くの犠牲者が出ました。独立を求める一連の行為の中で一番最近起こったことは，メッカのシャリーフ（大守）フセインが，アラブ人の名のもとに起こした大反乱です。フセインは，アラブ人国家の独立という目的を実現するために，1915年にイギリスと同盟を結んだ人物です。

②イギリス政府はシャリーフ・フセインに対して，何度も繰り返しアラブ人の独立国家を承認するという趣旨の約束をしました。この約束には，オスマン帝国内の他の

アラブ人居住地域と同様に，パレスチナも含まれています。

……フセイン王は，イギリスと取り交わした約束に基づいて，大反乱を引き起こし，さまざまな地域のアラブ人に対して，この反乱に加わるように呼びかけました。アラブの反乱軍に最初に加わった人々の中には，パレスチナの志願兵も含まれています。パレスチナでも，アラブ人兵士や将校に対して，反乱軍に加わるように呼びかけるビラが，飛行機から無数に投下されたからです。パレスチナのアラブ人が大勢で反乱軍に合流したのは，アラブ人国家の独立を目指すという目的を達成するためでした。そして，そのようなアラブ人国家には，パレスチナも含まれているのです。

③民族自決の原則を含め，アメリカのウィルソン大統領が提唱した諸原則に基づいて，戦争（＝第１次世界大戦）は終結しました。その結果，自決権という原則は，侵すべからざる権利となりました。

この戦争で連合国が勝利を収めた時，連合国軍東方司令官であったアレンビー卿は，1918年11月に英仏両政府の名のもとに，パレスチナやシリアのすべての村や町で，ある声明文を配布しました。この声明文によると，連合国の目的は，これらの地域の住民たちが自分で自分の運命を決定し，アラブ民族の政府を樹立できるようにすることであり，フランスもイギリスもこの地域を植民地化する野心を持っていないということでした。この時，パレスチナのアラブ人は，この声明書を，フセイン王と交わした約束を確認するための新たな誓約書であると受けとめました。

④ヴェルサイユで開催された講和会議の主要な成果の一つは，国際連盟憲章が採択されたことでした。国際連盟憲章では，自決権という原則が確認されるとともに，オスマン帝国内に住むアラブ人も独立を果たすだけの政治的な成熟度に達したという理由で，アラブ人国家の独立が承認されました。たしかに，委任統治国として承認された国が，一時的にアラブ人に助言を与え，方向付けを行うという条件はついていますが，国家的な選択が行われる際には，住民たちの意見が優先されなければならないということになりました。

その後，住民たちの意向を調査するために，国際使節団がアラブ人居住地に派遣されることが決定されました。それはキング＝クレーン委員会の名で知られているアメリカの使節団でした。調査の結果，住民たちは独立して自由を手に入れたいと願っており，シリアとの連合，アラブとの連合を切望し，シオニストを優遇する一切の政策を拒否する，ということが明らかになりました。

⑤それにもかかわらず，さらにはパレスチナのアラブ人が独立したアラブ民族としての一体性を実現する権利を持っているにもかかわらず，彼らの居住地はシリアから切り離され，イギリスによる委任統治を押し付けられてしまいました。しかも，委任

統治に関する文書には，バルフォア宣言が盛り込まれていたのです。この文書は国際連盟憲章第22条に立脚してはいますが，その内容はユダヤ人の利益を優遇しています。また，立法権や行政権の全体を委任統治国に与えており，ユダヤ人の民族的郷土の建設を容易にするような行政的，政治的，経済的な状況を整えていかなければならないと言及しています。この19年間，イギリス政府はユダヤ人の祖国を創設するための政策を取りつづけ，その一方で，アラブ人の権利や地位をまったく保護しなかったために，アラブ人は非常に傷ついてきました。その結果，アラブ人の人口の割合は，イギリスの占領が始まった当初は93パーセントだったのに対し，70パーセントにまで減少しました。……また，ユダヤ人はアラブ人が所有していた最も良質で，最も肥沃な土地の多くを買収し，さらにアラブの農民から農地を取り上げ，いくつもの村を消滅させました。……

それゆえ，ここ数年の間，パレスチナのアラブ人たちは，イギリスに公正な態度を取り戻してほしいと願ってきました。そして，当然の結果として，独立の実現や，パレスチナでの民族的一体性の保証という犯すことのできない彼らの権利を妨げるものは，すべて不正から生まれたものだと考えるようになりました。さらには，このような不正が消滅し，聖なる権利を取り戻すまで，あらゆる合法的な手段を用いて闘うことが，自分たちの務めであると信じています。

⑥1922年にウィンストン・チャーチル氏が発表した声明によると，パレスチナに他のアラブ人居住地と同様の民族的な政府を形成するのに，ただ一つ妨げとなるものは，この地域の住民たちが未成熟だということではありません。唯一の障害は，バルフォア宣言に起因しているのです。それは証明する必要のないほどの不正です。……パレスチナのアラブ人は，自由や独立といった侵すことのできない権利の行使を奪われています。それは彼らが犯したことに原因があるのではなく，イギリス政府がユダヤ人に対して，パレスチナにユダヤ人の民族的郷土を建設することを約束したからなのです。……

⑦バルフォア宣言には，……実行に移すと相容れないものになる二つの事実が含まれています。……二つの目的は，ユダヤ人の民族的郷土の建設に関係していると同時に，アラブ人の「権利」や「地位」の保障にも関係しています。しかしながら，それらはまったく両立し得ないものです。なぜなら，ユダヤ人の民族的郷土を建設することは，当然のことながら，ただちにアラブ人から彼らの「権利」や「地位」を奪うことを意味しているからです。

こうしてイギリス政府は，……この聖なる土地を血にまみれた紛争の場所にしてしまったのです。……

⑧アラブ最高委員会は，……付随的な改善を行うだけの改革には，いかなる効果も，

いかなる希望も見出していません。というのも，悪は問題の根源に存在しているのであり，それを適切な仕方で勇気を持って扱わないかぎり，悪はのさばりつづけ，状況はますます悪化していくでしょうから。

現在の状況に対して，率直な態度で，深く掘り下げる形で取り組むためには，以下のことが必要となります。

1．ユダヤ人の民族的郷土を建設する計画を見直すこと。……

2．ユダヤ人の移住をただちに，そして永久に停止すること。

3．アラブ人の土地をユダヤ人に譲渡することをただちに，そして永久に停止すること。

4．イラクやシリアやレバノンの問題と同じ原則に基づいて，パレスチナ問題を解決すること。それは委任統治に終止符を打ち，イギリスとパレスチナとの間で条約を結ぶことによって実現します。そして，その条約の条文にしたがって，憲法を基盤にした，独立した民族的政府が樹立されることになります。この政府は民族のあらゆる勢力を代表し，すべての人に対して正義と進歩と安寧を保障するでしょう。

アラブ最高委員会委員長　ムハンマド・アミーン・アルフサイニー

事務局長　フアード・サバー

1937年1月11日，エルサレム

パルチザンのコミュニケとイギリスのビラ

次の二つの資料は，個人所蔵の収集品の中に含まれていたものである。最初の資料は手書きのもので,「三角地帯」(ジェニン，ナーブルス，トゥールカルム)と呼ばれる北部地域で活動していたパルチザンのリーダーが発した文書である。これは，公式発表されたまちがった情報を正すために，現地の兵士たちによって書かれた典型的な文書だ。パレスチナ人の活動に関しては，公式発表では箝口令がしかれることが多かったため，情報を修正する必要があった。二つ目の資料は，イギリスの飛行機が抵抗をつづける村々に撒いたビラである。どちらの文書も，パレスチナでの反乱が絶頂に達した1938年に書かれたものだ。

1938年4月10日〜20日

慈悲深い神の名のもとに

パレスチナ革命最高司令部

タルハバの戦い

——35ヶ所の鉄塔での電線の切断および線路の破壊。フセイン・ラーディー士官の指揮のもとでサラーフ・アッディーン・アルアイユービー隊が実行。イスラーム暦1357年サファル月12日。

——57年サファル月13日木曜日の夜，入植地アル・アサーウィルへの攻撃。総括：3人のユダヤ人が死亡，2人のユダヤ人が負傷。味方にも1名だけ軽傷者（タウフィーク・ムスタファー）。

——57年サファル月13日木曜日の夜，アフニファスとジンジャールの間のパイプラインの破壊。夜2時から朝6時までの間，放火。ムハンマド・ジャルカムース士官の指揮のもとで，9本の電柱の間でケーブルを切断。ムジャイディル村の村長抹殺。

——57年サファル月14日金曜日の夜，シャルハビール・イブン・ハスナ隊が入植地アル・ジャーラを攻撃し，ユダヤ人にさまざまな損害をもたらした模様。部隊を指揮したのは，ファイヤード士官。

——57年サファル月14日金曜日の夜，ジェニンとアフーラーの間の電線を切断。部隊を指揮したのは，ファーイド・アルハーッジュ・ムハンマド士官とムハンマド・アブド・アルガーニー伍長。実行したのは，ハーリド・イブン・アルワリード隊。

——57年サファル月15日の夜，サラーフ・アッディーン・アルアイユービー隊は，フセイン・ラーディー士官の指揮のもとで，5つの果樹園からオレンジとりんごを奪い取り，入植地アブー・シューシャに向かって発砲し，10エーカーのジャガイモ畑を破壊した。サラーフ・アッディーン隊に，ハーリド・イブン・アルワリード隊が合流。

——木曜日，アブー・ウバイダ隊の数人の隊員が，アイン・ウンム・アルファフムでパトロール中の兵士を待ち伏せ。敵は全部で××××（判読不可能）。そのうちの数人が接近してきた時，5人の隊員が彼らに向かって発砲し，1人の上等兵と7人の兵士を殺害した。7人の兵士のうち，5人が即死，2人が翌日に死亡。パトロール隊に援軍が加わったため，1時間ほど小規模な戦闘がつづいたが，神の恩寵によってアブー・ウバイダ隊は無事にその場を脱出した。

——同日3時と4月19日12時半に，ビーサーン地方のアルカサーで，××××（判読不能）の電線を切断。××（判読不能）はタッル・ユースフ駅で待ち伏せし，走行している列車に向かって発砲。逆にアルハラスでは，新たに敵の砲火を浴びた。4月19日には，××駅（判読不能）の腕木式信号機のそばで，××（判読不能）のユダヤ人を殺害した模様。

——4月19日，ビーサーンの南，サーミリーヤ街道沿いで，3本の電柱が切り倒された。

——4月19日，数人のパルチザンが夜中の3時半にビーサーンの町を包囲し，警察署に侵入して，イギリス人1人とアラブ人1人を殺害した。

——4月20日11時，ラース・アインジャマーイーンを監視していた二人の武装したパルチザンが，労働者を××した（判読不能）ユダヤ人の警察官に向かって発砲した。この警察官は死亡。発砲した2人は，4人のユダヤ人警察官の追跡を受けたが，同志のパルチザンによって救出された。数人の警察官が死亡××（判読不能），パルチザン側は2頭の馬を奪った。戦闘は日没までつづき，敵方は3機の飛行機を投入し，複数の部隊をつぎ込んできた。しかし，パルチザンは１人の犠牲者も出さずに退却した。彼らはフセイン・アルアリー士官とアブド・アルカリーム伍長の指揮のもとで活動している，ターリク・イブン・ズィヤード隊のメンバーである。

――57年サファル月21日の夜，タッル・アルシャンマームとワーディー・アルミルの間の32本の電柱で電線を切断。西部地域で，鉄道のレールをもぎ取る。ファーイド・アルハーッジュ・ムハンマドの指揮のもとで，サラーフ・アッディーン隊とハーリド・イブン・アルワリード隊が，入植地ナハラルに向かって発砲。

これらすべての戦闘と破壊行為が，我が配下の者によって行われたことを，神にかけて誓う。

ユースフ・サイード・アブードゥッラ

イギリスが飛行機から撒いた抵抗の停止を呼びかけたビラ

現在，法に反する行為で苦しんでいるのは誰でしょうか？

裕福な人間は町で安楽に暮らし，自分の資産を危険にさらしたりしないのに，貧しい人にも同じことをするように求めます。

損をしたのは，自分の店を閉めなければならなかった小売商人です。損をしたのは，市場で自分の農作物を売りさばくことができない農民です。

そうではありませんか？

犠牲になるのは，いつも貧しい人です。いずれにしろ，皆さんが現在おこなっているようなことは，何の足しにもなりません。

秩序が回復すれば，ただちに王立委員会はアラブ人の皆さんが受けた不正について，何の偏見も持たずに，徹底的に公正な調査を実施いたします。

ただし，王立委員会の調査は，秩序が回復されて初めて可能になります。

これ以上暴動をつづけても，皆さんは何も得るものがありません。反対に，このような暴動は，皆さんにとっても，皆さんの近親者にとっても，悩みの種となるでしょう。

どうか落ち着きを取り戻し，平穏な状態を維持してください。そうすれば，調査を始めることができるでしょう。

3 パレスチナの生活

次の二つの証言は，パレスチナの状況をそれぞれ物語っている。パレスチナでの生活と，亡命先での生活。この二つの生活が，数十万にのぼるパレスチナ人の日常生活を形作っている。

⇧ヨルダンのバカーにある難民キャンプ(1968年)

マフムード・ダルウィーシュ，詩人，1948年に難民，イスラエルでは「潜入民」

[質問]「あなたはどこから来たのですか？」と尋ねられたなら，何とお答えになりますか？

[ダルウィーシュ] そのような質問をされた場合，私には答えが一杯あるので，詩的な答え方をすることがあります。なにしろ，私は単純な言葉が飛び交う環境で育ってきたわけですし，地図の塗り替えの犠牲になってきたものですから。私は自分のことを，パレスチナに悲劇が訪れて以来のパレスチナ問題の落とし子であると理解しています。私の少年時代は，あらゆる民衆にふりかかった災いと深く結びついているのです。それでも，神話と歴史と文明の痕跡があふれるガリラヤ出身者であることを誇りに思っていますし，ガリラヤがパレスチナに存在していることにも誇りを感じています。

私は1942年生まれです。私の少年時代は，かなり早い時期に終わってしまいました。生まれ故郷であるビルワ村がイスラエル軍に占領された時，私の少年時代は幕を閉じたのです。そのため，大人たちが普段から向き合っていた問題の真っ只中で生きてきました。そして，気付いたときには，レバノンに向かう行列に加わった難民の一人になっていたのです。

私は1年間レバノンで過ごしました。この時，難民という言葉の意味を学び，この言葉が「軽蔑」のニュアンスを持っていることを知りました。なにしろ，同じアラブ人までもが，私たちに軽蔑の言葉を浴びせかけてきたのですから。

両親の頭の中では，レバノン滞在は，あくまでも一時的なものでした。私たちは旅行中なのであって，こう言ってよければ，保養地に滞在しているようなものだったのです。

しかし，両親はすぐに，例の約束が夢や幻想でしかないということに気付きました。そこで，故郷に帰るために，パレスチナに潜入することにしたのです。けれども，パレスチナで目の当たりにしたのは，私たちの村がブルドーザーによって破壊し尽くされ，完全に消滅した光景でした。かつて私たちが住んでいた村は瓦礫と化し，そこには新たに２つの入植地が建設され，イエメンやその他の国から来たユダヤ人，そしてイギリスのユダヤ人が住んでいました。

レバノンからパレスチナに戻ったあとも，このように難民として生活しなければならなくなった私たちは，ガリラヤ地方の他の村に身を落ち着けました。イスラエルの国が誕生した時，私はすでに学校に通っていました。とはいえ，イスラエル軍が私の村を占領したのは，初等教育の第１学年の時でしたから，レバノンのジャッズィーンに避難した後も，勉強をつづけなければなりませんでした。ところが，パレスチナに戻った時，私はまたもや勉強を中断しなければならなくなったのです。私にとって，初等教育の課程を修了することは，大切なことでした。なぜなら，パレスチナの村で私

⇧パレスチナ難民キャンプ

たちは不法在住者だったからです。私たちがレバノンに避難していた間，自分の村にとどまったパレスチナ人たちは，人口調査を受けました。そのため，調査が実施された際にパレスチナにいなかった私たちのような人間は，「潜入民」とみなされたのです。「潜入民」という言葉は，パレスチナの文学では，特別な意味を持っています。この言葉は，とりわけ50年代に数十冊もの小説の中で用いられ，独自の意味を持つに至りました。潜入民とは，祖国に「違法に」戻ってきたパレスチナ人のことです。潜入民

は隣人や親戚の家に隠れ住むしかありませんでした。村人たちはイスラエル軍の車がやって来ないかどうか監視するために，見張りをたて，イスラエル兵がやって来た場合にはすぐに潜入民に伝えていたのです。そのため，「雲」のような合言葉が使われていました。「雲」とは警察が来たことを意味する暗号です。警察が来たという合図が出された時には，潜入民たちは急いで山やオリーブ畑に隠れたものでした。見張りの村人が「雲」という言葉を叫ぶたびに，校長先生は私たち兄弟を，警察が立ち去るまで，学校の施設の外にかくまってくれました。村にやって来た警察官たちは必ず祖父の家に立ち寄り，父の行方などについて尋ねていました。

村長が軍管区司令官と協定を結ぶまで，事情は変わりませんでした。村長と司令官との間で協定が成立したことで，私たちはレバノンから潜入したことを認める代わりに，赤い身分証明書を手に入れることができました。ただし，赤い身分証明書はイスラエルに一時的に在留する者を対象にしていて，永住者には青い証明書が与えられていました。ですから，当時，大半のアラブ人の夢は，青い身分証明書を手に入れることだったのです。青い証明書だけが，自分の祖国に住む権利を保証してくれたのです。5年間，私たちは赤い証明書しか持っていませんでした。つまり，5年もの間，私たちは正式には学校に登録されず，試験を受けることもできませんでした。その後，ようやく青い身分証明書を手に入れることができたのですが，それはおそらく役人を買収したおかげだと思います。こんな風に，私は少年時代から違法な状況の中で生きてきました。でも，そのおかげで，合法と非合法の間にある境界は何なのか，占領者とパレスチナで生きる本当の住民との違いは何なのかということについて，鋭敏な感覚を身につけることができたと思います。そのため，私はかなり若い頃から，自ら進んで政治的な活動に参加するようになっていきました。占領軍によって排斥されながらも，断固として占領を拒否する子供として，あらゆる集会に参加したのです。小学校を修了するまで，私はデイル・アルアサド村でこのような少年時代をすごしました。

この頃，イラク出身のユダヤ人教師のもとで，ヘブライ語の勉強をしたのを今でも覚えています。私は彼に強い愛着を抱いていて，他の先生よりも好きでした。さらに不思議なことに，中等教育でも，私のお気に入りはヘブライ語の先生でした。ですから，厳しい抑圧の中で私たちが生きていたことは確かですが，そのことはユダヤ人との個人的な関係には影響を与えなかったのです。そのようなことも経験によって学びました。むしろ，一部のユダヤ人の先生たちが私たちに特別な配慮を示してくれたのは，彼らにとっては一種の償いの方法だったのでしょう。

私はカフル・ヤシーフ村で中等教育の学校に通いました。私の本当の問題が始まったのはこの村でした。それはもはや私たちがかつて「潜入民家族」であったこととは関係ありません。1956年に起こった一連の出来事の間，カフル・ヤシーフ村は「赤い村」という異名をとっていました。というのも，そこはガリラヤ地方での共産党の主要な拠点だったからです。私たちが実際に政治活動への第一歩を踏み出したのは，この村でした。シナイ半島の占領に抗議して，ガザ地区と連携してストライキを行ったのです。大半の生徒が詩を書いていました。そのうちの何人かは，詩人のサーリム・ジブラーンや小説家のムハンマド・アリー・ターハーのように，有名になりました。イラク出身のユダヤ人であった校長は，私たちの活動を何とかやめさせようとしました。けれども，カフル・ヤシーフ村は抵抗運動の中心地の一つで，武装勢力とのつながりが強かったため，村の当局者たちは影響力を失っていました。ただ，そのおかげで，定期的に警察が直接介入してきたため，そのたびに私たちは逮捕され，裁判もなしに投獄され，辱めを受けたのです。

一度私は軍管区司令官に侮辱され，悔し涙を流したことがありました。かつて私の父は自分の土地を持った自作農でした。ところが，自分たちの村が消滅したことで，父は採石場で働く一介の労働者になってしまいました。こうして私たちは貧困の中に突き落とされ，地面を踏み固めた一つの部屋の中で，一家6人が折り重なるようにして生活していました。その日，軍管区司令官は，もしも私が政治的な詩を書くのをやめなければ，父から唯一の生計の手段であった仕事を奪うといって，私を脅迫したのです。まるで採石場で労働者を雇っているのが，司令官自身であるかのように！　あの時の光景が私の脳裏に焼き付いて，消えません。このことを思い出すたびに，悲しくなってきます。私は自分の年齢とは不釣合いな大きな決断を迫られたのです。

ファールーク・マルドム・ベイとエリアス・サンバーによるインタヴュー

「パレスチナ研究誌」第10号，1984年冬

アミーナへのインタヴュー（亡命先で誕生し，レバノンのタッル・アッザータル収容所で看護婦をしている）

［質問］あなたの両親はいつパレスチナを離れたの？

［アミーナー］1948年に集団移住したそうよ。はじめは南レバノンに身を寄せたのだけど，その後でベイルートのタッル・アッザータルにあるキャンプに移送されてきたらしい。……

［質問］ タッル・アッザータルでの子供時代について話してくれない？

［アミーナ］確かにキャンプでの生活は苦しいものだったけど，それでも良い思い出が残っている。私たちはみんな一つの家族のようなものだった。社会的なつながりがとても緊密だったから，誰もが他人の苦労や喜びを自分のことのように受けとめていた。もちろん，恵まれていなかったという意味では，私の子供時代は他の場所で耳にするような子供たちの生活とはまったく違っていたわ。私の家族はわずかな財産しか持っていなかった。父が死んだのも，私たちがまだ幼かった頃だったしね。最初，私たちは（UNRWA〔＝国連パレスチナ難民救済事業機関〕から）二部屋しか住む場所をもらえなかったの。当然，これでは不十分だった。部屋は狭くて，屋根は波型の鉄板でできていた。冬には雨が部屋に染み込んでくるし，夏は息が詰まるほど蒸し暑い。そこで，父は三つ目の部屋を購入して，私たちの住まいに取り付けたの。

［質問］ つまり，あなたはタッル・アッザータルで成長したのね。それじゃ，勉強はどこでしたの？

［アミーナ］ タッル・アッザータルにあったUNRWAの学校よ。

［質問］ 看護婦の勉強は？

［アミーナ］ベイルートにあるパレスチナ赤十字の学校で勉強した。それはタッル・アッザータルが壊滅した後（1976年）だった。カターイブ（レバノンのキリスト教マロン派ファランジスト党の軍事組織）との戦いの際には，私はすでにキャンプの中で最初の救急処置の実習に参加していた。戦闘や攻囲といった事態がいつ起こっても困らないように，私たちはキャンプで常に準備を整えていたの。自分たちが置かれている状況が，生き残る者などほとんどいないような，死の危険に直面した困難な状況であることはわかっていた。でも，キャンプの責任者たちが時々薬学や調薬の実習をしてくれていたおかげで，攻囲された時にも，自分たちでも驚くほどうまく医療処置を施すことができた。

［質問］あなたの日常生活について話してくれない？

［アミーナ］午前中は，パレスチナ赤十字病院の外科の看護婦として働いている。午後は，自分の母親と，甥の面倒を見ているの。この甥っ子は両親を失ってしまったため，私が育てている。以前はガザ地区の病院やアッカの病院で働いていたこともあっ

た。けれども，ガザの病院は1985年５月にベイルートのキャンプで戦争が起こった際に，破壊されてしまった。アッカの病院の方もキャンプの外にあったため，安全上の理由から，もうパレスチナ人を受け入れることができなくなってしまった。不思議なことにこの病院にいた患者さんたちはどこかへ姿を消してしまったの。いまはシャティーラの病院の中に新設された総合手術室で働いている。

［質問］ あなたの家族はどこにいるの？

［アミーナ］ 散り散りになってしまったの。イスラエルがレバノンに侵攻して（1982年に），ＰＬＯの兵士たちが撤退した後，私の姉妹はアルジェリアやチュニジアやスーダンやシリアといったアラブの国々へ行ってしまった。それ以来，集まったことはないわ。わずかな消息を手に入れるだけで精一杯。旅行者を通して，かろうじて近況を知ることができる。彼女たちは身分証明書を持っていないので，私たちに会いに戻ってくることはできないし，私の方も彼女たちが住んでいる国へ行く権利を持っていない。私の姉妹には，奨学金のおかげで，外国で医学の勉強をつづけている者が二人いるのよ。

［質問］ あなたは自由に旅行できるんじゃないの？　パスポートは持っている？

［アミーナ］ いまはどんな書類も持っていない。ここの当局者たちは，私のパスポートを発行することを認めてくれないから。

1985年10月20日にドミニック・ロークによってベイルートで収集された証言

「パレスチナ研究誌」　第18号，1986年冬

4 PLOの組織とその文書

ＰＬＯとそれを構成する組織が発表した文書には，さまざまなものがある。パレスチナ国民憲章から，独立宣言や和平プロセスへの参加決定に関するＰＮＣ(パレスチナ国民評議会)の決議文にいたるまで，その抜粋を読んでいくと，紛争解決に対するパレスチナ人たちの展望の変遷を見て取ることができる。

カラーマの闘いを記念して，ファタハが発行した切手

1964年に採択されたパレスチナ国民憲章

1964年に制定された以下のパレスチナ国民憲章に対し，イスラエルとアメリカは第17条の廃止を要求した。1989年になって，ヤセル・アラファトは17条について「無効」になったと表明し，この条文が事実上棚上げされたことを示唆した。

第３条 アラブ・パレスチナ人民は，自らの祖国に対する合法的な権利を持つ。……

第４条 パレスチナ人民は，……自らの自由な意志と自由な選択に基づいて祖国の解放を達成した時，自分たちの運命を決定することになるであろう。……

第17条 1947年におけるパレスチナの分割と，その後のイスラエル建国は，時間の経過にもかかわらず，不法で人為的な決定である。なぜなら，このような決定はパレスチナ人民の意志や，祖国における彼らの自然権に反するからである。

1968年に改正されたパレスチナ国民憲章

ＰＬＯの中でパレスチナ・ゲリラの活動が始まり，初代議長シュカイリーが辞任すると，パレスチナ国民憲章は改正された。

第２条 パレスチナは，イギリス委任統治下の境界線をもって，分割不可能な領土的一体性を成している。

第3条 パレスチナ人民だけが,自らの祖国に対して合法的な権利を持っている。パレスチナ人民は祖国を解放した後,自らの願望と唯一の意志にしたがって,自決権を行使するであろう。……

第5条 パレスチナ人とは,1947年までパレスチナに正常に住んでいたアラブ市民のことである。それ以後,パレスチナから退去させられたか,パレスチナにとどまったかは問わない。また,1947年以降パレスチナ人の親から生まれた者は,パレスチナで生まれた者も,それ以外の場所で生まれた者も,すべてパレスチナ人である。

第6条 シオニストの侵略が始まる以前に,パレスチナに正常に住んでいたユダヤ教徒は,パレスチナ人とみなされる。……

第9条 武力闘争はパレスチナを解放する唯一の道である。それは戦略上の方針であって,戦術上の方針ではない。……

第13条 アラブの統一とパレスチナの解放は,相補的な二つの目標である。それぞれが他方の実現を促す。アラブの統一はパレスチナの解放につながり,パレスチナの解放はアラブの統一を促す。一方のために活動することは,結局は二つの目標を実現するために活動するのと同じである。……

第19条 1947年におけるパレスチナの分割と,その後のイスラエル建国は,時間の経過にもかかわらず,いかなる正当性も持っていない。なぜなら,このような決定はパレスチナ人民の意志や,祖国における彼らの自然権に反し,国連憲章に書かれている諸原則,とりわけ自決権と矛盾しているからである。……

第21条 アラブ・パレスチナ人民は,武力革命を通じて自分たちの考えを表明し,パレスチナの完全な解放に反するいかなる代案も拒否する。また,同様にパレスチナ問題の抹殺や国際化を狙ったいかなる提案も拒否する。

1969年1月1日に発表されたファタハ中央委員会の宣言

民主的なパレスチナという構想が,初めて提案された。

2．ファタハ（パレスチナ祖国解放運動）は,民族的で宗教的な共同体としてのユダヤ人と闘っているのではない。神権的で,人種差別的で,拡張主義的なシステムに基づいた植民地化の表れとしてのイスラエルと闘っているのであり,シオニズムと植民地主義の表れとしてのイスラエルと闘っているのである。……

4．ファタハは,1967年11月22日に国連安全保障理事会で採択された決議を,断固として拒否する。……

この決議はパレスチナ人民の民族的な諸権利を無視しており,パレスチナ人民の存在に言及していない。……

5．次のことを,ファタハは正式に宣言する。その最終目標は,独立した民主的なパレスチナ国家の復興である。そして,この国のすべての市民は，どのような宗教を信じていようと，平等な権利を享受することになる。

PFLP:「解放への戦略」

以下の抜粋には，PFLP（パレスチナ解放人民戦線）の内部文書の特徴が表れている。こうした文書は，運動の内容を伝達するのと同時に，活動家の養成にも役立った。

われわれの敵は誰か？

1．われわれが闘っている敵は，イスラエルであり，シオニズムであり，世界帝国主義であり，アラブの保守反動である。

2．われわれの敵は科学技術に関して優位を保っており，生産量においても明らかに優勢である。このことから，当然敵は軍事的に優位にたち，軍事大国となる。

3．そのうえ，敵は経済的，政治的な解放を目指す人民運動と対決することで，長い経験を積んできている。そのため，もしも人民が高度な政治的意識を持たなければ，運動は敵によって粉砕されてしまう可能性がある。しかし，高度な政治的意識を持っていれば，革命運動の破綻を狙う新植民地主義者たちの計略を頓挫させることができる。

4．この敵，すなわちイスラエルの主要な軍事的基盤について言えば，それは生きるか死ぬかの戦いだということである。イスラエルの政治的，軍事的方針によると，彼らは最後の最後までこの戦いをつづけようとしている。

敵陣営についての明確なヴィジョンを持つことによって，物事を正確な見通しの中に位置付け，闘いの皮相なヴィジョンをすべて取り除くことができるようになる。そのような明確なヴィジョンこそが，戦闘の時間と場所を決定し，戦闘行為の性格を決める。言い換えれば，このヴィジョンこそが以下のことを決定する。

1．すべての革命勢力の結集を可能にするような，革命を支える理論と政治思想の重要性。これによって，革命を抑えこみ，切り崩そうとする敵側のあらゆる主導的行為を頓挫させ，辛抱強く敵に立ち向かうことができるようになる。

2．戦いに身を投じた革命勢力の先頭に立つ強力な政治組織。このような組織を突き動かすのは，敵を打ち負かそうとする意志である。自分たちの存在と利益を守るという敵の決意に勝るような強い意志こそが，組織を動かす。

3．革命同盟の性質と規模。敵陣営に全面的に立ち向かうためには，同盟が結ばれなければならない。

4．ゲリラ戦から根気を要する人民解放戦争へと移っていく武力闘争。これこそが科学技術や軍事力で勝る敵に対して，最終的に勝利を収めることを可能にする。

「パレスチナ解放への戦略」からの抜粋，アンマン，1969年

1974年6月9日，第12回ＰＮＣ（パレスチナ国民評議会）の政治プログラム

パレスチナの一部についての原則と，解放への過渡的段階についての原則が，パレスチナの「政府」によって初めて採択された。

２．ＰＬＯはあらゆる手段を用いて，とりわけ最初は武装闘争を用いることによって，パレスチナの地を解放し，解放されたパレスチナ全土において，人民のための民族的で，戦闘的で，独立した政府を樹立するであろう。……
４．解放へと向かうすべての段階が，ＰＬＯの戦略目標を実現するための過程である。ＰＬＯの戦略目標とは，前回のＰＮＣの決議で明確にされたような，民主的なパレスチナ国家の樹立である。

1974年10月28日，ラバトの決議

アラブ諸国の首脳たちが発表したこの決議文は，パレスチナの機関が出したものではないにもかかわらず，非常に重要な意味を持っている。というのも，アラブ諸国がＰＬＯをパレスチナの唯一の合法的な代表として，初めて承認したからである。

第７回アラブ首脳会議：……
２．次のことを明言する。パレスチナ人民は，解放されたパレスチナ全土において，パレスチナ人民の唯一の合法的な代表としてのパレスチナ解放機構（ＰＬＯ）のもとで，独立した民族的な政府を創設する権利を持っている。アラブ諸国は，このようなパレスチナの政府をその創設に際して，またあらゆる領域，あらゆるレベルにおいて支援しなければならない。
５．パレスチナの民族的な一体性を保護し，しかもパレスチナが行うことに関して内政干渉しないことは，すべてのアラブ諸国にとって義務である，と明言する。

1977年3月20日，第13回ＰＮＣの決議

新たな一歩が踏み出された。もはや戦略的な目標であった民主国家については言及されず，「独立した民族国家の樹立」が盛り込まれたのである。

パレスチナ国民評議会（ＰＮＣ）：……
11．パレスチナ人民の諸権利を回復するために，とりわけ自決権や，パレスチナへ帰還する権利や，祖国に独立した民族国家を樹立する権利を取り戻すために，闘いを継続することを決定する。

1988年11月15日に発表された独立宣言の序文

パレスチナ人はさらに一歩前進した。公式に発表されたこの誓約を通して，パレスチナ国家が普遍的な大原則を支

持することが宣言された。

パレスチナ国家とは，パレスチナ人の国である。たとえ彼らがどこにいようとも，そのことに変わりはない。パレスチナ国家という枠組みにおいてこそ，パレスチナ人は自らの民族的，文化的なアイデンティティを発展させ，諸権利の完全な平等を享受し，自由に自分の宗教を実践し，何の拘束も受けずに自らの政治的な信念を表現できるようになる。

パレスチナ国家では，民主的な議会制度の中で，人間の尊厳が尊重されるようになる。このような議会制度は，思想の自由，政党を結成する自由，多数派による少数派の権利の尊重，少数派による多数派の議決への尊重に基づいていなければならない。また，この議会制度は，社会正義と平等を土台にし，人種，宗教，肌の色，性などに基づいたあらゆる種類の差別の撤廃を基盤とする。こうしたことは，法の優越性や司法の独立を保証する憲法の枠組の中で行われ，共生や寛容さといった，幾世紀にも渡って受け継がれてきたパレスチナの精神的な伝統を守りつづけることによって，実現するはずである。

パレスチナ国家はアラブの国であり，アラブ民族およびその遺産や文明と切り離すことはできない。また，解放，発展，民主主義，一体性への彼らの願いと分離することもできない。パレスチナ国家は，アラブ連盟憲章に対する誓約を再度明確にし，アラブの共同行動を強化するという決定を再確認する。それによって，アラブ民族の子孫に対して，その潜在能力を結集し，イスラエルの占領を終結させるための彼らの努力を一層強化することで，パレスチナ国家の実質的な樹立を支援してほしいと訴える。

パレスチナ国家は，国連の原則と目標を支持し，世界人権宣言に賛同し，同様に非同盟主義の原則と政策に共鳴する，と宣言する。

1991年９月28日，第20回ＰＮＣと和平プロセスへの参加

次の文書は，インティファーダが力の均衡を取り戻すのに，どれほど貢献したのかを示している。インティファーダのおかげで，ＰＬＯは交渉による問題解決への第一歩を踏み出すことができた。

1965年の飛躍以来，パレスチナ革命は長く，困難で，苦しい闘いをつづけてきた。そのために，パレスチナ人民は，多大な犠牲を払わなければならなかった。しかし，こうした闘いは，パレスチナの大義が闇につつまれ，難民問題だけに局限されていた数年の後に，ようやく生まれてきたものなのである。

何年にも及ぶこの長い闘いは，パレスチナ人民の唯一の合法的な代表であるＰＬＯの指導のもとに，あらゆる形で展開された。

壁に描かれたパレスチナの旗とPLOの略号

この闘いのおかげで，パレスチナ問題は国際社会の中で，民族的な問題として，さらには自由や独立を享受する権利および自決権を持つ人民の問題として捉え直された。……

その後，インティファーダが，民衆を巻き込んだ民主的な広がりの中で発生した。インティファーダは，パレスチナの民族的な闘争の実り豊かな帰結であった。……インティファーダによって，パレスチナ人民の権利とＰＬＯの存在は，国際的に広く認知されるようになった。ＰＬＯはインティファーダを通して得られた支持と，国際的な関心の高まりを臆することなく利用した。こうして，パレスチナ国民議会（ＰＮＣ）は，第19回の会期を開催し，1988年11月15日にパレスチナ国家の歴史的な宣言を発表することによって，パレスチナ和平に率先して取り組む姿勢を示した。

このように率先して和平に取り組むわれわれの姿勢は，ジュネーブで開催された第４３回国連総会の決議を通して，世界から賞賛された。同様に，世界の大半の国々がパレスチナ国家を承認し，パレスチナ国家と外交的・政治的な関係を結んだ。

しかしながら，パレスチナの積極的な取り組みが国際的に歓迎され，パレスチナ国家の代表である同志ヤセル・アラファトの歴史的な演説が評価されているにもかかわらず―アラファトが公正な和平を求めるわれわれの願いを全世界に対して詳細に説明したため，アメリカはＰＬＯと正式な対話を始めると初めて発表した―，イスラエルの頑として拒否を貫き通す柔軟性のない政策は，和平に向けた積極的な取り組みや努力を頓挫させ，窮地に追い込んでしまった。

その後，地域的な新たな展開や，国際的な変動が起こった。中でも最も重要なのは，湾岸戦争と社会主義圏の崩壊である。その結果，力関係が大きく変動し，冷戦が終結し，国際関係の中で新しい時代が始まった。この新しい時代の兆候は，アメリカとソ連の関係に顕著に表れており，地域紛争や地域問題を平和的に解決するために，この２カ国が協力し合うようになった。

ＰＬＯは，世界で起こっているさまざまな出来事の経過に目を配り，そうした出来事がパレスチナ問題やイスラエル・アラブ間の紛争にどのような影響を与えるのかを，注意深く見守ってきた。……

新しい情勢の中でのわれわれの責任とは，

政治的な責任感と国家的な現実感覚を持って行動し，新しい地域情報と国際的な新情報を正確に読み取ることである。このような状況においてもう一つ必要とされるのは，民衆の蜂起こそが解放と独立というパレスチナの目標を実現可能なものにしてくれたということを思い起こし，そのことから得られた教訓と経験を生かすことである。

……ＰＬＯは，現在行われている平和的な試みや努力に敬意を払い，そのような動きに積極的に対応してきた。とりわけ，中東紛争を解決するために和平会議の開催を呼びかけてきたブッシュ大統領とゴルバチョフ大統領の勧めに対しては，積極的に応じてきた。和平会議を招集するためのさまざまな試みが成功したことで，以下のような原則を実現するためにも，他の当事者との交渉を継続することが必要だと考えられる。その実現すべき原則とは，

１．和平会議は国際的に合法的な基盤を持っていなければならず，国際的な決議，とりわけ国連安全保障理事会決議第242号と第338号に基づいていなければならない。それゆえ，和平会議はこの二つの決議の実施を約束しなければならない。これらの決議には，エルサレムを含む，占領されたパレスチナ領・アラブ領からのイスラエルの完全な撤退がはっきりと示されており，同様にこれらの領土に対して和平を実施し，パレスチナ人民の政治的・民族的な権利を保証することが明記されている。

２．エルサレムは占領されたパレスチナ領の不可欠な一部であり，他の占領されたアラブ領と同様に，国連決議や安全保障理事会決議の対象になっていることを明確にする。

３．エルサレムを含む占領地への入植を停止する。これは国際的な保証を伴って和平プロセスを実施していく上で，不可欠な条件である。

４．パレスチナ人民の唯一の合法的な代表であるＰＬＯこそが，エルサレムを含め，祖国の内外から代表団を結成する権利を持っている。また，ＰＬＯが和平プロセスに加わる際には，他の参加者と同等の資格で参加できることを明確にし，パレスチナにおけるＰＬＯの権限が認められるようにする。

５．包括的な和平の実現が保証されるように，アラブ側の見解を調整し，アラブの首脳たちの決議にしたがって，個別の解決案を拒否する。

６．国際的に合法的な決議にしたがって，問題解決の各段階が包括的な最終決着に至るまで途切れないようにするために，和平プロセスの一貫性が保証されるようにする。

ＰＬＯは，これらの原則や出発点から和平努力へと向かうことによって，以下のような目標の実現を目指す。

１．パレスチナ人民に自決権が認められ，特に民族的な独立と自由を享受する権利が保証されるようにする。

２．エルサレムを含め，1967年以来占領されてきたすべてのパレスチナ領・アラブ領

から，イスラエル軍を撤退させる。

3．祖国から力によって強制的に追い払われたパレスチナ難民の問題を，国連決議にしたがって,特に国連総会決議第194号に則った形で解決する。

4．土地，水資源，天然資源，さらには政治・経済問題の全体に関して，パレスチナ人民が主権を持っていることを，暫定的な協定の中に必ず盛り込む。

5．パレスチナ人民を，その自決権の実現に備えて，国際的に擁護してもらう。

6．国際的な合法性を持った決議，とりわけ国連安全保障理事会決議第４６５号に照らして違法な入植地に関しては，これを解体するために必要な保証を得る。

ＰＮＣは，和平プロセスを成功に導くという任務を，執行委員会に課す。和平プロセスがその決議にしたがって成功するには，それを保証するような最高の条件を整える必要がある。そのために，執行委員会は現在の努力を辛抱強くつづけていかなければならない。

5 国連の4つの決議

1947年以来，国連はパレスチナ問題にかなりの審議を費やし，最も多くの決議を採択してきた。現在では，国際的な合法性という観点から，数多くの決議の中でも特に4つの決議が，紛争を交渉によって解決するための基盤となっている。その第1の決議では，難民にはパレスチナへ帰る権利があるということが明記されており，第2の決議には，イスラエルが国連に加盟するための条件が列挙されている。また第3の決議は，1967年の第3次中東戦争後に採択された，有名な国連安全保障理事会決議242号であり，現在行われている交渉の土台となっている。そして第4の決議は，1973年の第4次中東戦争の後に採択されたものであり，決議242号の実行を繰り返し要求している。

1948年12月11日の国連総会決議194号（III）

国連総会は，パレスチナの状況を再検討した結果，……

11. 以下のことを決定する。自らの郷土へ帰ることを望む難民に関しては，できるだけ速やかに帰還させ，隣人と平和に暮らすことを可能にするべきである。一方，自らの郷土には戻らないという決意を固めた難民については，彼らの財産に対する補償として，賠償金が支払われなければならない。また，失われた財産もしくは損害を被った財産に対しても，賠償金が支払われるべきである。この場合，国際法上の原則に従って，あるいは公正であるために，このような損失や損害は，責任を負うべき政府や当局者たちによって補償されなければならない。

1949年5月11日の国連総会決議273号（III）

イスラエルを国連加盟国として承認する決議

国連への加盟を求めるイスラエルの要請に関して，安全保障理事会から報告を受けとったところ，安全保障理事会の見解において，イスラエルは平和的な国家であり，国連憲章に定められた義務を果たす能力と，その意思を持つ，とされていることに留意し，さらに，イスラエルが「国連憲章に由来するさまざまな義務を，いかなる留保もなしに受け入れ，国連に加盟されしだい，こうした義務を遵守することを約束する」と宣言していることを認め，1947年11月29日の決議と1948年12月11日の決議を再度確認し，これらの決議の実施に関してイスラエル政府の代表者が特別政治委員会で行った宣言と説明を公式に認め，国連総会は，国連憲章第4条ならびに内規第125条で総会に課せられている役割を果たすため，以下のことを決定する。

1. イスラエルは，国連憲章で定められ

ている義務を受け入れ，その義務を果たす能力と意思を持ち合わせた，平和的な国家である。

2．イスラエルの国連への加盟を認める。

1967年11月22日の国連安全保障理事会決議242号

中東に公正で永続的な平和を確立するための決議

安全保障理事会は，中東における深刻な事態について引き続き憂慮を表明し，戦争による領土の獲得は容認できないこと，および同地域のすべての国が安全に生存できるような公正で永続的な平和のために努力する必要があることを強調し，さらに，すべての加盟国が，国連憲章を受諾することによって，憲章第2条に従って行動するという誓約をしていることを強調し，

1．国連憲章の諸原則を遂行するためには，中東において公正で永続的な平和が創設されることが必要であり，そのような平和の創設には以下の二つの原則の実行が含まれるべきであることを確認する。

（I）最近の紛争において占領された領土からのイスラエル軍の撤退。

（II）あらゆる交戦の主張ないし交戦状態の終結。同地域のすべての国の主権，領土保全，政治的な独立の尊重と承認，および武力による威嚇や武力行使を受けることなく，安全で承認された国境の中で平和に生存する権利の尊重と承認。

2．さらに，以下の必要性を確認する。

a)同地域における国際水路の航行の自由を保障する。

b)難民問題の公正な解決を実現する。

c)非武装地帯の創設を含む諸々の処置によって，同地域のすべての国の領土不可侵と政治的独立を保障する。

このような必要性は，第1382回の会議において採択された。

国連安全保障理事会決議338号

すべての当事者において停戦と決議242号の実施を呼びかける決議

安全保障理事会は，

1．現在交戦しているすべての当事者に対し，この決定が採択されてから遅くとも12時間後までに，彼らが現在占拠している位置において，速やかに戦闘を中止し，あらゆる軍事活動を終結するよう要請する。

2．関係当事者に対し，1967年11月22日に採択された安全保障理事会決議242号の実施を，そのあらゆる部分に関して，停戦後直ちに開始するよう要請する。

3．中東に公正かつ永続的な平和を築くために，停戦と同時に直ちに，適切な支援のもとに関係当事者の間で交渉を始めることを決定する。

「パレスチナに関する国連決議とアラブ＝イスラエル紛争」1946年〜1991年

パレスチナ研究所，ワシントンD.C.，1993年

6「証人」

これはパレスチナの歴史の中で起こった二つの悲劇的瞬間についての二つの証言である。二つの悲劇的瞬間とは，1948年のデイル・ヤーシーン村虐殺事件と，1982年のサブラとシャティーラでの大量殺戮のことだ。目撃者は，1948年にパレスチナで国際赤十字社代表団の責任者を務めていたジャック・ド・レニエと，1982年に虐殺後の難民キャンプに最初に入った一人である作家のジャン・ジュネである。

⇧シャティーラの大虐殺

1948年4月10日土曜日，デイル・ヤーシーンにて

4月10日土曜日の午後，アラブ人たちから電話がかかってきた。デイル・ヤーシーン村で村中の住民が虐殺されたので，至急現地へ向かってほしいという依頼であった。デイル・ヤーシーン村はエルサレム近郊にあり，その地域を支配しているのはイルグン（＝修正主義シオニストの軍事組織）の過激派だと聞かされた。ユダヤ人の警察組織やハガナ（＝労働シオニストの軍事組織）の司令部は，この件については何も知らないと語った。その上，イルグンの支配地域に潜入することは何人にも不可能であり，この件にはかかわらないように，と忠告してきた。もしも私がデイル・ヤーシーン村へ行っても，結局のところ私の任務は中断せざるを得なくなるであろう，というのである。彼らは私を援助してくれないだけでなく，私の身に必ずや起こることについて一切の責任を負いかねると言った。それに対して，私は何としてでも現地へ行きたいと答えた。そして，ユダヤ人の警察組織の権限が，ユダヤ人の手中にある全領土に及んでいることは誰もが知っていることであり，私が任務を遂行する上で自由に行動できるようにする責任が彼らにはあり，同様に私の生命を保障する責任もあるはずだと指摘した。

……デイル・ヤーシーン村を見下ろすことができる，村から5百メートルほど離れた頂に着いた後，私たちは村に入る許可が出るまで，長い間待たなければならなかった。誰かが先に進もうとすると，アラブ側からのものとされる銃声が響いた。どうやらイルグンの分遣隊の指揮官は，私を迎え入れる気はないようだ。ようやくやって来たイルグンの指揮官は，若くて，品があり，非常に礼儀正しい男ではあったが，目は残忍かつ冷酷で独特の輝きを放っていた。私は彼に自分の任務について述べ，私の任務が判事や仲裁人の仕事とは何のかかわりもないことを説明した。私はただ負傷者を救出し，遺体を運び出したいと思っていたのである。……彼は私にデイル・ヤーシーン村について語った。デイル・ヤーシーンの住民はすべてアラブ人であり，全部で400人ほどいた。かなり以前から武器を捨て，周囲のユダヤ人たちと仲良く暮らしてきた。彼の話では，イルグンの分遣隊は24時間前に村に到着し，拡声器を使ってすべての住民に対して，家を明け渡して降伏するように命令したという。死刑執行の猶予は15分だった。哀れな住民たちのうち何人かは，イルグンの前へ進み出て捕虜となり，アラブ陣営の近くで解放されたという。命令に従わなかった残りの全住民は，自分の運命を甘受した。けれども誇張してはならない。村の「掃討」が終わったばかりだというのに，埋葬すべき遺体は数体しか見当たらなかった。それでも，遺体は見つかれば運び出すことができる。しかし，負傷者はまったく見当たらなかった。それだけに，彼の話を聞いて，私は背筋がぞっとした。……

私が輸送隊とともにデイル・ヤーシーン村に到着したとき，アラブ側の銃声はやんでいた。一方，イルグンのメンバーは，戦闘服に身をつつみ，ヘルメットをかぶっていた。若者ばかりで，十代と思われる者も含まれている。彼らは男も女も，拳銃や短機関銃や擲弾で完全に武装していた。手には大きな短剣を握りしめ，そのほとんどの切っ先はまだ血まみれであった。1人の美しい，しかし犯罪者のような目をした若い娘が，私に自分の短剣をちらつかせた。まだ血が滴り落ちているその短剣を，彼女は戦利品のように持ち歩いていた。村の掃討という仕事を実に丹念にやり遂げたのは，間違いなく彼らである。私は一軒の家の中に入ろうとした。すると，十人ほどの兵士に囲まれ，短機関銃を突きつけられ，彼らの指揮官から「動くな」と命じられた。「遺体があれば，私たちが運び出す」と彼は言った。……私は自分を取り囲んでいる兵士を押しのけ，家の中に入った。最初の部屋は薄暗く，すべてが乱雑に散らかっていて，誰もいなかった。しかし，二つ目の部屋には，壊れた家具や布団やあらゆる種類の残骸の間に，数体の冷たくなった遺体が転がっていた。やはり彼らはここで掃討をしたのである。まず短機関銃を放ち，次に擲弾を投じ，最後に短剣で仕上げをしたのだ。部屋の光景を見れば，誰にでもそのことがわかる。次の部屋も同じような状況であった。ところが，私がまさに部屋を出ようとした瞬間に，ため息のような声が聞こえた。私は部屋中を探しまわり，あらゆる遺体を動かし，とうとうまだ温かい小さな足を発見した。それは十歳の少女であった。短剣で刺され，重傷を負ってはいるが，まだ生きている。私が少女を運び出そうとすると，イルグンの指揮官は私をとがめ，扉の前に立ちふさがった。それでも，私は彼を押しのけ，その大切な重い荷物とともに外へ出た。……私は家の中の遺体をトラックに運ぶように命じてから，今度は隣の家に入り，生存者の捜索を続けた。どこもかしこも同じような恐ろしい光景であった。その後見つかった生存者は２名だけだった。２人とも女性で，そのうちの１人は老婆である。彼女は束ねた芝の後ろに隠れて，少なくとも24時間じっと動かずに身を潜めていたのだ。この村には400人の村人が住んでいたはずだが，およそ50人が逃亡し，生存者はわずかに３人であった。残りのすべての住民は村にとどまり，自分から敢えて虐殺される道を選んだのであろう。というのも，指摘しておくが，このイルグンの部隊は見事に訓練されていて，命令がない限り決して行動することはないからである。

「エルサレムでは戦線に旗が翻っていた」エディション・ド・バーコニエール，ヌシャーティル，1950年

シャティーラのジャン・ジュネ

10年の歳月が流れた。フェダーイーン(＝パレスチナゲリラ)がレバノンにいること以外，私は彼らについて何も知らなかった。ヨーロッパのマスコミは，パレスチナ人民について，無礼で軽蔑的でさえある口調で報じていた。それが，突然西ベイルートだ。

２次元の世界である写真や，テレビ画面にも，くまなく目を通すことなどできない。現地では，黒ずんで腫れあがった死体たちが，通りの両側の壁に挟まれて，弓形に折れ曲がった姿勢や，体が突っ張ったような体勢でころがっていた。つまり，足で片側の壁を押し，頭は反対側の壁にもたれかかっているような状態であった。こうした遺体は，すべてパレスチナ人かレバノン人だ。私はこれらの遺体を跨いで歩かなければならなかった。そのため，私にしても，生き残った住民たちにしても，シャティーラやサブラを歩き回ると，まるで馬跳びをしているような感じになる。場合によっては，死んだ子供１人で，いくつかの道がふさがれてしまうこともありえた。それほど道幅は狭く，ほとんど細いといってよい。その一方で，遺体の数は非常に多かった。おそらく老人は死体のにおいに慣れているのだろう。においは私にとって不快ではなかった。しかし，なんと多くの蝿がいることか。……私の身ぶりに怒った蝿が，私の手の甲に群れになってやって来て，栄養を吸収しようとしていた。最初に見た遺体は，50歳

か60歳くらいの男性だった。頭蓋骨が割れていなければ（斧で殴られたように見えた），おそらく頭には冠状に白髪が生えていたのであろう。黒ずんだ脳みその一部が，頭のわきの地面に飛び出ている。遺体全体は，黒く凝結した血の海に横たわっていた。ベルトは締めていない。ズボンはただ一つのボタンでとめられている。足も下腿もむき出しで，黒や紫や薄紫色をしている。おそらくこの男性は，夜か明け方に不意打ちを食らったのではないか。彼は逃げ出そうとしていたのだろうか。この男性の遺体が横たわっていたのは，シャティーラ難民キャンプの入口のすぐ右側にある小さな路地であった。この入口は，クウェート大使館の向かいに位置している。水曜日の午後から，イスラエルの兵士や将校がこのクウェート大使館を占拠していたにもかかわらず，彼らが何も聞かなかった，何も気づかなかったと言い張るのなら，シャティーラの大虐殺はほとんど音も立てずに，あるいは完全な沈黙の中で行われたのであろうか。

写真には，蝿も，死体が発する無色透明で濃密なにおいも写らない。また，遺体から遺体へと移るたびに，遺体を飛び越えてゆかなければならないという事情も，写真では伝わらない。

注意深く一つの死体を見つめていると，奇妙な現象が起きる。遺体の中に命が存在しないということは，遺体がまったく存在していないのに等しく，むしろ遺体は絶え間なく遠ざかっていくように感じられる。たとえ遺体に近づいたつもりでも，決して触われない。遺体を見つめているだけの場合は，どうしてもそのようになる。けれども，遺体に向かってちょっとした動作を起こせば，つまり遺体のそばに身をかかがめて，手や指を差し出せば，突然遺体は存在感のある，いわば親しいものに変わる。

愛と死。この二つの言葉は，どちらか一方が書き記されれば，すぐにもう一方につながってゆく。私はシャティーラへ行って，初めて愛の猥褻さと死の猥褻さを感じ取った。……

パレスチナ女性の遺体——というのも，シャティーラを離れるには，遺体から遺体へと進むしかなかった。まるで双六のように一つ一つの遺体にとどまりながら歩いていると，どうしても驚くべき事実に行き着かざるを得なくなる。シャティーラとサブラは，難民キャンプを平坦な墓地にして再建するために，貪欲な不動産業者がしかけた戦いによって破壊し尽くされたのである－そのパレスチナ女性は，白髪まじりの髪をしていたので，おそらく老齢であったのだろう。彼女の遺体は，切り石やレンガやねじ曲げられた鉄の棒の上に，仰向けに横たわっていた。捨てられたのか，放置されたのか，そこにはいかなる安らぎも見出せなかった。まず最初に驚いたのは，両手首が螺旋状に撚った奇妙な縄や布で繋がれていたことだった。そのために，遺体は十字架にかけられているかのように，両腕を水平に開いた格好をしていた。黒く腫れあがった顔は空を見上げている。ぽっかりと開いた口には，黒い蝿の群れがたかっていて，それだけに歯がいっそう白く見える。顔の筋肉が動くわけもないのに，しかめ面をしたり，微笑んだり，絶えず無言の叫び声を上げているようにも見える。ストッキングは黒のウール製で，ワンピースにはバラ色とグレーの花柄模様がついている。ただ，よくわからないのだが，ワンピースが少しまくれあがっているのか，あるいはかなり丈が短いのか，黒く腫れあがったふくらはぎの上の方まで見えている。いずれにしても，その薄紫の微妙な色合いに，同じ薄紫やそれに似た紫色をした頬の色が呼応している。それは内出血なのだろうか，それとも太陽の下で腐敗したために自然にこのような色になったのだろうか。

「この女性は銃床で殴られたのですか？」

「見てください，彼女の手を見てください」

私は遺体の手の様子に気付いていなかった。女性の手は，10本の指が刈り込み鋏のようなもので切断され，まるで扇のような形になっていた。おそらく，子供のように笑いころげ，上機嫌で歌でも歌っていた兵士たちが，たまたまその刈り込み鋏を見つけ，面白がってそれを使ったのだろう。

「これを見てください」

指の切れ端や，末節骨が，爪とともに土にまみれてころがっていた。私を案内してくれた若者は，誇張することなくごく自然に，遺体に加えられた拷問について教えてくれた。彼はパレスチナ女性の顔と手の上に再び静かに布をかけ，足の上にはざらざらしたボール紙をかぶせた。もはやバラ色とグレーの布地の重なりしか見えず，その上を蝿が飛んでいた。

3人の若者が，私をある路地に連れて行ってくれた。

「どうぞ中へお入りください。私たちは外で待っていますから」

私が最初に足を踏み入れた部屋は，3階建ての家の残存している部分であった。それはとても静かで，人を快くもてなしてくれるような空間だった。残骸によって幸せを作り出そうと試み，あたかも幸せが実現しているような雰囲気が漂っていた。崩れた壁面にはラバーが残っている。一見したところ，肘掛け椅子が三脚置いてあるように思えたが，よく見ると車の（たぶん廃車になったメルセデスの）座席であった。ソファーには，花柄模様の生地を裁断して作ったクッションが置かれている。それは様式化された模様が描かれた，派手な色のクッションだった。ラジオ受信機からは音が流れず，二つの枝つき燭台には火がともっていない。本当に静かな部屋だ。床には大量の薬莢で絨毯ができていた。……すきま風が吹いたかのように，扉がばたばたと揺れた。私は薬莢の上を進み，扉を押した。扉はもう一つの部屋の方に開いたが，力を入れてこじ開けなければ，通ることができなかった。胴のついた靴の踵に扉が引っかかっていたのである。それは仰向けに寝ている遺体の踵であった。さらに，かたわらには2体の男性の遺体がうつ伏せになって横たわっている。どの遺体も，銅製の薬莢でできたもう一つの絨毯の上で眠っていた。私は何度か薬莢に足をとられて，転びそうになった。

その部屋の奥には，もう一つ扉があった。扉は錠前も掛け金もなく開いていた。私は深い溝を飛び越えるように遺体を跨ぎ，扉に歩み寄った。奥の部屋には，ベッドが一つだけ置かれていて，その上に4体の男性の遺体が積み上げられていた。それはあたかも，それぞれの遺体が自分のすぐ下にある遺体を守っているようにも見えるし，腐敗が進んでいくうちに発情期で盛りがついたようにも見えた。互いに盾となって重なり合っている遺体は，強烈なにおいを放ってはいたが，嫌なにおいではなかった。どうやら，死体のにおいも蝿も，私に慣れたようだ。私はもはやこの廃墟やこの静寂の何ものも乱すことはしなかった。

「木曜日から金曜日への夜の間，金曜日から土曜日の夜，さらに土曜日から日曜日の夜にかけて，遺体のために通夜をした者が誰もいなかったということだ」と，私は考えた。

しかし，彼らが殺された後，私以前に誰かが遺体のそばを通ったように思われた。3人の若者は，この家からだいぶ離れた場所で待っていた。3人ともハンカチで鼻を覆っていた。

家を出た時，突然私はいくらか気が触れたような状態に陥り，微笑を浮かべてしまった。私は思った。遺体を納める棺を作るには，十分な木材がなく，指物師も足りない。それに，なぜ棺に納めなければならないのだろう。亡くなったのは，男性も女性も，皆イスラム教徒なのだから，屍衣に包み込むことになるのではないか。では，これほど多くの遺体を屍衣に包むためには，どれほどの布地が要るのであろう。そして，どれほどの祈りが必要なのだろう。私は気付いた。この場所に欠けているのは，祈りを唱えることだ，と。

『シャティーラの4時間』
「パレスチナ研究誌」第6号，1983年冬

7 インティファーダ：現場の声

インティファーダを行う人々は，男性も女性も，自らの行動で自分の考えを表明してきた。しかし，現地のメディアも，国際的なメディアも，彼らの主張をはっきりとは報道してこなかった。占領地が騒乱に陥る直前に実施されたこの徹底したアンケート調査は，その重要性にもかかわらず，ほとんど知られていない。アンケートはヨルダン川西岸地区とガザ地区に存在する12の町，8つの難民キャンプ，30の村に住む1039人のパレスチナ人（その大半が30歳以下である）を対象にして行われた。調査の結果を通して，蜂起直前の彼らの精神状態が浮かび上がってくる。機が熟し，占領軍との全面的な武力闘争が目前に迫っていることが伝わってくる。

問：あなたは国連安全保障理事会決議第242号を知っていますか？

a.よく知っている	27.9%
b.ある程度知っている	**40.4%**
c.まったく知らない	30.2%
d.特に意見なし／返答拒否	1.5%

問：パレスチナ問題が国連安全保障理事会決議第242号の枠組の中で解決されることを容認しますか？

a.はい	16.8%
b.いいえ	**80.6%**
c.特に意見なし／返答拒否	2.6%

問：前の質問で「いいえ」と答えた方にお尋ねします。どのような理由のために，容認できないのですか？

a.決議第242号はパレスチナ人の自決権を認めていないから	**56.8%**
b.決議第242号はイスラエルを承認しているから	6.8%
c.決議第242号はパレスチナ問題を解決するのに適切ではないから	33.4%

問：PLOはパレスチナ人民の唯一の正当な代表だと思いますか？

a.はい	**93.5%**
b.いいえ	5.1%
c.特に意見なし／返答拒否	1.4%

問：現在のパレスチナで支配的な政治的選択肢は，どの組織の見解に表現されていま

すか？

a.**PLOの現執行部　71.2%**

b.ダマスカスにいるパレスチナ組織の執行部　4.8%

c.ヨルダンのフセイン国王の支持者たち　3.2%

d.村々の連盟　0.4%

e.上記の組織のどれにも表現されていない　10.7%

f.特に意見なし　9.7%

問：あなたが好ましいと思うパレスチナ問題の恒久的な解決法は，どのようなものですか？

a.**パレスチナ全土に民主的なパレスチナ国家を樹立する　77.9%**

b.ヨルダン川西岸地区のヨルダンへの併合とガザ地区のエジプトへの併合　3.7%

c.ヨルダンと結びついた形で，ヨルダン川西岸地区とガザ地区にパレスチナという国家を創設する　1%

d.ヨルダン川西岸地区とガザ地区にパレスチナ国家を樹立する　16.9%

e.民主的な自由と生活の質の改善が保証されるという条件で，ヨルダン川西岸地区でのイスラエルの支配を永続化する　0.2%

f.イスラエル政府が現在提案している自治　0%

g.特に意見なし／返答拒否　0.5%

問：パレスチナ国家が創設された場合，あなたはどのような統治システムを選択しますか？

a.立憲君主制　1.1%

b.西欧やアメリカに類似した統治システム　1.9%

c.東欧やソ連に類似した社会主義の統治システム　6.7%

d.**イスラム法に基づいた国家　26.5%**

e.アラブ・ナショナリズムに基づいた国家　2.1%

f.**アラブ・ナショナリズムとイスラム教に基づいた国家　29.6%**

g.非宗教的な民主主義　10.4%

h.**パレスチナ的な民主主義　21.2%**

i.特に意見なし／返答拒否　0.5%

問：アメリカは中東和平プロセスにおいてどのような役割を果たしていますか？

a.建設的な役割を果たしている　3.4%

b.**非建設的な役割しか果たしていない　85.5%**

c.特に意見なし／返答拒否　11.1%

問：アメリカは中東和平プロセスに貢献できると思いますか？

a.**はい　60.8%**

b.いいえ　31.3%

c.特に意見なし　7.9%

問：あなた方は，つまりあなたまたはあなたの近親者は，次のような状況を経験したことがありますか？

a.政治的な拘留　47.5%

b.イスラエル占領当局からの暴力，虐待，脅迫　50.7%

c.イスラエル軍の検問所で典型的な嫌がらせあるいは侮辱　55.7%

d.財産あるいは土地の没収　22.8%

e.外国への渡航の禁止　34.1%

f.夜間外出禁止　74.2%

g.住居の破壊あるいは封鎖　17.6%

h.収容所への移送，住居の指定　15.7%

i.軍事裁判所によって科された罰金，あるいは他の直接的な刑罰　37.6%

j.そのようなことは何も経験したことはない　6.3%

問：パレスチナ人が暴力に訴える第一の原因はどのようなことでしょうか？

a.ひどい生活環境やパレスチナ人が被った粗暴な措置に対する反発　8.4%

b.暴力に訴えるのは自決権を求める闘いの一環である　83%

c.個人的な動機あるいは過激派内の動機による　1.6%

d.上記のどの理由でもない　1.3%

e.特に意見なし　5.8%

問：パレスチナ問題を解決するのには，次のどの戦術が最も役に立ちますか？

a.市民の不服従　1.2%

b.抵抗運動　20.2%

c.武力闘争　60.7%

d.外交交渉　7.3%

e.イスラエル議会での投票権の要求　0.1%

f.ヨルダン議会での投票権の要求　0.5%

g.上記の戦術のどれも役に立たない　1.9%

h.特に意見なし　8.1%

問：最近の5年間でヨルダン川西岸地区とガザ地区の生活環境は向上しましたか？

a.はい，改善されました　2.1%

b.変化なし　11.2%

c.いいえ，悪化しました　84.5%

d.特に意見なし　2.2%

1986年夏に「アルファジュル」「ニューズデイ」「ABC」が実施した調査からの抜粋

8 平和への道

パレスチナ人が送ったインティファーダという「シグナル」は，イスラエル人の中にある「恐れ」に訴えかけ，両人民の間で互いに承認し合う文書が取り交わされるまでに至った。それでも，和平への道は長く，厳しい。最も重要な作業が残されている。それは真の「和解」である。

1991年11月，マドリード中東和平会議から帰ったファイサル・フサイニー

二人のアリス

私たちは皆，イスラエル社会の中に強い恐れの感情があることを知っています。しかしながら，イスラエル人はあれほどの兵力を持っているのですから，どうして恐れを抱いているのか，私には理解することが出来ません。それは「不思議の国のアリス」を思い起こさせます。ご存知のように，アリスは想像上の怪物に食べられてしまうのではないか，と恐れていました。アリスは怪物が想像上のものにすぎないと知っていながら，恐れを抱き続けたのです。そこで，ある人がアリスに言いました。「よく聞きなさい，アリス。あなたが見ているものは，単なる幻なのです。それはあなたの想像の中にしか存在しない。あなたが抱いている恐れは，自分自身を誤らせるだけでなく，周りの人たちをも傷つけてしまう。だから，幻に立ち向かって，私は幻なんか恐れない，と繰り返し自分に言い聞かせなければなりません。そうすれば，幻は消え去るでしょう」。パレスチナ側のアリスは，自分がやるべきことをおこなったと思います。彼女はユダヤ人の現実とイスラエルに敢然と立ち向かい，「私は恐れない。私はあなた方のそばに自分の国を築く。あなた方を海に追いやるようなことはしない」と言った。あなた方，イスラエルは存続できる。あなたたちは怪物ではないのですから。私はあなたたちのそばで生きてゆくことができる。きっとあなた方も，この場所で安心して暮ら

してゆけるはずです。今度は，イスラエル側のアリスが大人になって，繰り返し自分に言い聞かせる番です。そして，自分のためだけではなく，世界全体のために，問題を起こすことをやめるべきです。そうすれば，みんながそれを支持してくれるでしょう。

ファイサル・フサイニーへのインタヴュー

「パレスチナ研究誌」(第31号，1989年春)

私たちパレスチナ人民は，あなたたちの前にいる

今世紀の大半の間，私たちは「民なき土地」という神話の犠牲者でした。私たちのことを「姿なきパレスチナ人」と表現しても，誰も咎められませんでした。そのような理不尽が広まってゆく状況を前にして，私たちは消滅することも，あるいは歪められたアイデンティティーを受け入れることも拒否してきました。……

そして今や，私たち自身の歴史を物語り，あまりにも長い間人々の意識の底に埋もれていた真実を擁護するために，証言するべき時がやって来ました。私たちはしつこく請願を繰り返す者として，皆さんの前に現れたのではありません。炎を運び伝える者として，今日の世界では無知は言い訳にはならないということを知る者として，やって来たのです。……

共同立会国の国々は，今日この場所に私たちを招待してくださり，私たちの主義主張を紹介してくれました。また，私たちがパレスチナの地で互いの相容れない現実に立ち向かわざるを得なくなった要因である，「もう一方の当事者」にも引き合わせてくれました。しかしながら，この和平会議のために，私たちのところに送られてきた招待状においてさえも，私たちの歴史は歪められており，私たちの真実は部分的にしか認められていません。パレスチナ人民は一つです。パレスチナの地で数世紀に渡って混ざり合い，喜びと苦悩で織りあわされた集団的な記憶で繋がり，同一のヴィジョンと目標を共有することで，私たちは一つに結びついているのです。……私たちは占領下のパレスチナ人として出頭するために，国外追放状態にある同胞とは切り離されて，ここにやって来ました。しかし，繰り返し主張してきたように，私たちの誰もが，すべてのパレスチナ人の権利と利益を代表しているのです。私たちは，自分たちの指導部と統治システムに対して，公に忠誠を示すことを認めてもらえませんでした。けれども，忠節や忠誠心は禁止することも，削除することもできません。承認された私たちの指導部は，すべてのパレスチナ人民から民主的に選出された指導部という以上の存在なのです。つまり，私たちの民族的な一体性と同一性の象徴であり，私たちの過去の擁護者，現在の守護者，そして未来の希望なのです。私たち人民は，指導部に自らの歴史を託し，貴重な遺産の保護をゆだ

ねました。……

みなさん，エルサレムはパレスチナの魂であるだけでなく，三つの世界宗教の発祥地でもあります。エルサレムは，いわばその場所で私たちの地位が認められていないとしても，触れて感じることのできる町なのです。エルサレムは「平和の都市」という意味の名であるにもかかわらず，和平会議から排除され，その使命において否定されてきました。パレスチナ人にとってのエルサレムは，祖国の中心地であると同時に，将来実現するであろう国家の首都であり，過去，現在，未来におけるパレスチナ人の存在を明確に示してくれるものです。パレスチナ人の存在は，その声もアイデンティティーも認められてきませんでしたが，あの町は私たちが存在していることを証明してくれています。エルサレムは，独占欲に駆られた偏狭な行動や隷属化など物ともしません。イスラエルによるエルサレム併合は，国際社会から見れば明らかに違法であり，この町にふさわしい平和に対する侮辱です。

私たちは占領軍と交渉するように呼びかけられ，囚われの身でありながら誇りを失わない人民の代表として，苦しみに満ちた土地から，皆さんのもとへやって来ました。しかし，私たちの背後には，占領下にあって夜間外出禁止令のもとで暮らしている人々がいます。彼らは私たちに，譲歩してはならない，これまでのことを忘れてはならない，と命じます。私たちがこうして話している瞬間も，監獄や収容所にいる何千という私たちの同胞は，ひたすら待ち続けています。彼らの大半は何の証拠もなく，いかなる容疑もないのに，訴訟も行われないままイスラエルによって拘留されました。そして，彼らの多くが尋問中にひどい虐待を受けたり，拷問にかけられたりしています。ただ自由を求め，占領に立ち向かっただけなのに，それが有罪だとみなされたのです。囚われている同胞の名において，私たちは語り，要求します。どうか彼らを解放してください。

私たちがこうして話している瞬間も，負傷したり，一生回復することのない障害を負った数万の人々が，苦しみの中にいます。どうか平和をもたらすことで，彼らの傷を癒してください。こうして話している瞬間も，何千というパレスチナの難民，被収容者，1967年以来の国外亡命者たちが，私たちのことを絶えず見つめています。亡命先での生活は，それほど過酷なのです。どうか彼らを自分の故郷に連れ戻してあげてください。彼らには帰る権利があります。こうして話している瞬間も，破壊された家屋の無言の叫びが，私たちの心の中で，こだまのように反響しています。私たちは他国に支配されることのない自分たちの国に，自分自身の家を再建できるようにならなければならないのです。

軍の弾丸で命を落とした人たちや，近親者に，なんと言葉をかけたらよいのでしょう。子供たちの目に浮かんでいる恐怖や，さまざまな問いかけに，どのように答えたらよいのでしょう。というのも，占領下で暮らしているパレスチナの子供たちの3人に1人は，この4年の間に殺されたり，負傷したり，拘留されたりしているからです。軍の命令であまりにも頻繁に学校が閉鎖されるために教育が受けられないことを，子供たちにどのように説明したらよいのでしょう。あるいは，子供でさえも殺されたり，投獄されたりする場所では，旗を振りかざすだけでなぜ命が危うくなるのかについて，どのように教えたらよいのでしょう。軍のブルドーザーによって根こそぎにされた木々のために，どんなレクイエムを歌うことができるでしょう。そして何よりも，土地を奪われ，水を盗まれた人々に，一体誰が平和のメッセージを伝えることができるでしょう。有刺鉄線を撤去して，命の源である水と土地をどうか返してください。

入植はただちに停止されるべきです。パレスチナの土地が数え切れない方法で奪われ続けている限りは，そしてイスラエルの有刺鉄線によって占領地の法的帰属が決められている限りは，平和が定着することなどありえません。これは単に態度表明をしているだけではなく，異論の余地のない現実を述べているのです。イスラエルは領土を不法な入植地にすることを公式に政策として実践しているのですから，「平和と引き換えに領土を」という表現はばかげています。入植はただちに停止されるべきです。

私たちはパレスチナ人民の名において，あまりにも長いあいだ苦しみを分かち合ってきたイスラエル人民に対して，直接訴えかけたいのです。これからはむしろ希望を分かち合いましょう，と。私たちは未来への約束を結ぶことによって，パレスチナの地で，一緒に暮らしていく覚悟ができています。しかし，そのためには，双方がパートナーとして，対等な関係の中で希望を分かち合おうとすることが必要です。国際的な合法性の枠内で真の和解と真の共存が成立することを前提にして，平等と相互性の精神が支配と憎悪に取って代わらなければなりません。あなた方の安全と私たちの安全は，相互依存の関係にあるのです。それは，互いの子供たちが抱く恐怖と悪夢が，深く絡み合っているのと同様です。

……この場で着手されたプロセスは，私たちを光明へと，長いトンネルの終焉へと導いてくれるに違いありません。この光明が表しているのは，何ものにも支配されず，人権や人間の本姓の廉潔さを尊重するような，民主的で，新しいパレスチナの兆しです。

……パレスチナの地で太陽の日差しを浴び，自由の熱気の中で成長した人々には，難民キャンプはふさわしい住まいではありません。レバノンの難民キャンプでは，何の防衛手段も持っていない非戦闘員の上に，毎日のようにイスラエル軍の爆弾の雨が降り注いでいます。この爆弾の雨では，心を穏やかにする祖国の雨の代わりにはなり得ないでしょう。しかし，国際社会の意思は，国連総会決議194号を通して，難民にパレスチナへ帰る権利を保証しています。それにもかかわらず，このような措置は故意に無視され，実行に移されないままになっているのです。

同様に，国連安全保障理事会決議181号から681号までの中で，決議242号と338号を含む，パレスチナ問題に関するすべての決議が，現在までのところ単なる公開討論の議事内容にとどまり，実行に移されていません。しかし，これらの決議は何が法に適っているのかについての莫大な判例集となり，国際法のあらゆる付属条項とともに，すべての平和的解決の枠組を形作っています。もしも国際法上の合法性や法の強制力が，国家間の関係よりも優位にあり，それを支配しているのなら，パレスチナに関する一連の決議は，何の先入観もなく一様に尊重され，実行されなければならないはずです。パレスチナ人として，私たちはまさしく正義を求めているのです。

マドリードでの和平交渉に参加したパレスチナ代表団のリーダー，ハイダル・アブド・アッシャーフィーの証言，1991年11月

同時相互承認のための2通の手紙

ヤセル・アラファトからイツハク・ラビン宛ての書簡

1993年9月9日

首相閣下

（暫定自治に関する）原則の宣言への署名は，中東の歴史に新しい時代を開きます。私はこのことを確信し，PLOが以下の誓約を守ることを確認したいと思います。

PLOは，イスラエル国家が平和に，しかも安全に生存する権利を承認する。

PLOは，国連安全保障理事会決議242号と338号を受け入れる。

PLOは中東和平プロセスに参加し，両当事者間の紛争を平和的に解決するよう力を尽くす。また，（パレスチナの）「最終的地位」に関するあらゆる未解決の問題は，交渉によって解決すると宣言する。

PLOは，原則の宣言への署名は歴史的な出来事であり，平和と安定を脅かす行為も暴力もない平和的共存という新しい時代の幕開けだ，と考える。したがって，PLOはテロや他のあらゆる暴力行為に訴えることをやめる。また，PLO関係組織と構成員がこれに同意していることを保証し，違反行為を防止し，造反者を制裁するために，彼らに関して責任をもつ。

新しい時代の到来と原則の宣言への署名を考慮し，安全保障理事会決議242号と338号に対するパレスチナ側の承諾の一環として，PLOは，パレスチナ国民憲章の中でイスラエルの生存権を否定している条項，およびこの手紙の誓約と相容れない条項は，今後効力をもたない，と明言する。したがって，PLOは，パレスチナ国民憲章の中で改正が必要な部分に関しては，パレスチナ

国民評議会に対し正式な同意を求めてゆく。

敬具

パレスチナ解放機構議長

ヤセル・アラファト

イツハク・ラビンからヤセル・アラファト宛ての書簡

1993年9月9日

議長閣下

1993年9月9日付けのあなたからの書簡への返信として，私はあなたに対して以下のことを確認しておきたい。あなたの書簡に記載されたPLOの誓約に鑑みて，イスラエル政府はPLOをパレスチナ人民の代表と認め，中東和平プロセスの枠組でPLOと交渉を開始することを決定した。

敬具

イスラエル首相

イツハク・ラビン

和平の予備協定　1993年9月13日 ホワイトハウス

イスラエル政府と，パレスチナ人民の代表である（中東和平会議のヨルダン・パレスチナ代表団（以下，パレスチナ代表団）における）PLOのチームは，数十年にわたる衝突と紛争を終結させ，互いの正当な政治的権利を認め合う時が来たことに同意する。さらに，平和的に共存し，互いを尊重し，安全を保障し合い，合意された政治的プロセスの枠組の中で公正で永続的で包括的な平和的解決と，歴史的な和解の達成に力を尽くすべき時が来たことに合意する。……

第1条　　交渉の目的

……イスラエル－パレスチナ間の交渉の目的は，ひとつには，ヨルダン川西岸地区とガザ地区のパレスチナ人民のために，パレスチナ暫定自治政府と選挙による評議会（以下，「評議会」）を設置することである。暫定期間は5年を超えることはなく，しかも国連安全保障理事会決議242号と338号に基づいた恒久的な解決へとつながってゆく。……

第3条　　選挙

1．ヨルダン川西岸地区とガザ地区のパレスチナ人民が民主的な原則に従って自治を行えるようにするために，評議会選出のための自由な直接投票による総選挙が，合意による管理と国際的な監視のもとで行われることになる。その際，治安の維持はパレスチナ警察が担当する。……

3．選挙は，パレスチナ人民の正当な権利と適正な要求を実現するための，重要な準備段階となる。

第4条　　裁判権

……両当事者は，ヨルダン川西岸地区とガザ地区を一つの領土単位とみなし，その一体性は暫定期間中守られる。

第5条　　暫定期間と最終的地位に関する交渉

1．5年の暫定期間は，ガザ地区とエリコ地区からの撤退をもって開始される。

左から右へ　S・ペレス，一人置いて，B・クリントン，Y・ラビン，Y・アラファト，W・クリストファー，アブー・マーズィン

2．イスラエル政府とパレスチナの代表者との最終的地位に関する交渉は，できるだけ早期に，遅くとも暫定期間の開始から3年目には始められる。

3．エルサレム，難民，入植，安全保障協定，国境，他の隣国や共通の利益を持つ他の主体との関係および協力といった残りの問題についても，これらの交渉の中で取り上げられることになる。

4．両当事者は暫定期間中に双方が合意した協定が，最終的地位に関する交渉の結果に悪影響を及ぼしたり，その結果を先取りすることがあってはならないことに合意する。

第6条　権力と責任の予備的譲渡

1．この原則の宣言が効力を発生し，ガザ地区とエリコ地区からの撤退が完了すると，イスラエルの軍政府および文官による行政機関の権限は，本文書で詳述されているように，この任務を委託されたパレスチナ人に譲渡され始める。このような権限の譲渡は，その性質上評議会が設置されるまでの予備的なものである。

2．この原則の宣言が効力を発生し，ガザ地区とエリコ地区からの撤退が完了すると，ヨルダン川西岸地区とガザ地区の経済開発を促進するため，教育および文化，保健衛生，社会問題，直接的な課税と観光事業といった分野では，ただちに権限がパレスチナ人に譲渡される。

パレスチナ側の当事者は，今後取り決められるように，警察力を形成し始めることになる。評議会が設置されるまで，両当事者は取り決めのとおり，その他の権力や責任の譲渡に関しても交渉することができる。

第7条　　暫定的合意……

5．評議会の設置後，文官による行政機関は解散し，イスラエルの軍政府は撤退する。

第8条　　治安と安全保障

ヨルダン川西岸地区とガザ地区のパレスチナ人に治安と国内の安全を保障するため，評議会は強力な警察力を確立することになる。それに対して，イスラエルは，イスラエル人の包括的な安全に関して責任を負っているのと同様に，自分たちの国内の安全と治安を守るように，外国の脅威に対して（パレスチナを）防衛する責任を持ち続ける。

第9条　　法律と軍令

1．評議会は，暫定合意に従って，譲渡

されたすべての権限の範囲内で，立法権を有することになる。

2．両当事者は，残りの分野において，現在有効な法律や軍令を共同で見直すことになる。……

第12条　ヨルダンおよびエジプトとの関係と協力

……1967年におけるヨルダン川西岸地区とガザ地区からの国外亡命者に関して，彼らを受け入れる形態を合意によって決定する常設委員会を創設する。

第13条　イスラエル軍の再編

1．この原則の宣言の効力が発生した後，遅くとも評議会選挙の前には，ヨルダン川西岸地区とガザ地区のイスラエル軍は，第14条に従って撤退するのに加え，その再編が行われることになる。

2．軍の再編に際し，イスラエルは，居住地の外へ軍を転換しなければならないという原則を指針とする。

3．明示された場所での他の編成は，上記の第８条に従って，治安と国内の安全をパレスチナ警察が担当するようになるにつれ，徐々に実行に移される。

「暫定自治に関する原則の宣言」からの抜粋

「パレスチナ研究誌」(49号，1993年秋)の翻訳

9 難民に関するタバ協定案

イスラエルは，パレスチナ難民に帰還の権利を認めることを完全なタブーとみなし，ユダヤ人国家の存亡に関わる脅威になる，と主張し続けてきた。しかし，以下の文書はこのような理解を否定している。2001年1月23日にタバで，イスラエルの代表者たちが起草した以下の提案は，難民問題は解決不可能な問題ではない，ということを示している。

難民問題を解決する重要性

1．パレスチナ難民の存在は，イスラエル＝パレスチナ関係における中核的な問題である。この問題を公正で包括的に解決することは，道義的に非の打ち所のない恒久的な平和を築くために不可欠である。

経緯

2．イスラエル国家は，パレスチナ難民の悲劇，苦しみ，損失に対し，悲しみを感じていることを正式に表明する。そして，今後イスラエルは，53年前に始まったこの恐ろしい問題に幕を引くために，積極的なパートナーとなり，難民問題の公正で包括的な解決の実現に貢献してゆく。

3．パレスチナ難民という身分規定が生まれたことに直接的，間接的に責任のあるあらゆる当事者や，この地域での公正で恒久的な平和を強く要望しているすべての人々は，1948年に生じたパレスチナ難民問題の解決に貢献する責任を負っている。

4．1947年11月に採択された国連総会決議181号を受諾したにもかかわらず，誕生したばかりのイスラエル国家は，1948年から1949年にかけての戦争と流血の惨事に巻き込まれ，両陣営に数々の犠牲者を出し，さまざまな苦しみをもたらした。その中には，パレスチナの一般市民に対する強制移住と（土地の）収用も含まれており，そのために彼らは難民となった。それ以降，こうした難民たちは尊厳も，市民権も，所有地もないまま，数十年間を生きてきた。

5. それゆえに，難民問題の解決は，1948年から1949年にかけて起こった戦争以降の現実を考慮に入れながら，こうした難民の要求と希望を反映したものでなければならない。したがって，ユダヤ人の祖国であるイスラエル国家の存在や，パレスチナ人民の祖国であるパレスチナ国家の樹立と両立しうる形で，難民の帰還への願望が実現されなければならない。

基本原則

6. 国連安全保障理事会決議第242号と一致する形でパレスチナ難民問題を公正に解決することが，国連総会決議第194号の実施に結びつかなければならない。(パレスチナ側の見解)

帰還，引き揚げ，再移住

7. 1948年以降パレスチナ人の希望は，国際法を基盤とするパレスチナ国家の樹立と（難民の）「帰還の権利」という二重の原則で表現されてきた。本協定で認められているように，実現すべきパレスチナ人民の希望には，自決権の行使や，国連総会決議第194号に基づいたパレスチナ難民のための公正で包括的な問題解決……も含まれている。

8. 帰還，引き揚げ，再移住に関しては，各難民は以下の計画の中から一つを選ばなければならない……。

a. イスラエルへの帰還─難民××（原注＊）人という合意された限度内で，現在レバノンで暮らしているパレスチナ難民に対し，優先権が認められる。イスラエル国家は，サブラとシャティーラから避難した人々の問題を早急に解決するために，道義的な約束を取り交わすことを承諾する。

b. 交換されることになるイスラエル領への帰還──この場合には，現在イスラエルが主権を持っている地域に難民を受け入れるために，あらかじめインフラが整備されなければならない。難民を受け入れる地域の主権は，全体の開発計画の枠組の中で，イスラエルからパレスチナへと移行しなければならない。

c. パレスチナ国家への帰還──パレスチナ難民は，パレスチナ国家の国内法と法制に合致する形で，無条件で祖国へ帰還できる。

d. 現在の受入国での資格の再付与。この場合，資格の再付与は，即時に完全な形で行われなければならない。

e. パレスチナ難民を吸収する意思を表明し，その能力を持つ第三国への自発的な再移住。

難民の定義

9. パレスチナ側の見解と同様に，パレスチナ側の条文の第6条を参照。

補償と資格の再付与

10. 補償と援助のための計画のおかげで，各難民は第××条で示される条件の下で，資格の再付与を求めることができるようになる。この目的のために，国際委員会と国際基金が（下記の条項のように）創設される。この委員会と基金は，(難民からの）さまざまな要請を収集し，それを検討することも含め，あらゆる面で難民問題を解決し，資金の支出と割り当てを行うための全責任を負うことになる。これらの計画は，以下の原則を尊重する。

a. これらの計画を通して，強制移住(パレスチナ側の見解に基づけば—精神的な苦痛）と物質的な損失に対して，財政的な補償および現物での補償を行わなければならない。これは地域社会の経済成長をも可能にする。各人にとっての歴史的な公正さと，全体の経済開発という二重の目的が，これらの計画を周到に練り上げる際の指針とならなければならない。

b. 補償計画は，二重の基準にしたがって個別に作成され，さらに要請の性質にしたがって考案されなければならない。(下記の第××条で詳述されるように）それぞれの個別的要求は，迅速な手続きにしたがって取り扱われることになる。また，補償計画は，国際委員会と国際基金からの特別な資金提供によって成り立つため，資産に関する要請が完全に間違いなく記録されている帳簿にしたがって，運営されなければならない。

c. 資格を再付与し補償を行う計画は，経済開発を促進するために欠かすことのできないものとなる。また，当該者が生活している社会や共同体と当該者とを社会的に結びつけるために，不可欠なものとなる。こうして（後で詳述する）援助のための多様な形態が可能になる。

d. 受入国に対する補償は，下記の第××条と合致した形で行われることになる。

e. 国際社会とイスラエル国家は，それぞれについて取り決められる限度額まで，国際基金に資金を提供する主要な出資者となる。イスラエルの撤退後もパレスチナ国家に残されるイスラエルの不動産は，譲渡され，国際基金の資金となる。こうして，これらの不動産は，総額××ドルもの資金提供に相当することになり，全部で××ドルにおよぶ分担金の全体をまかなうことになる。

受入国

11. 難民を受け入れてきた国々は，それによって負担してきた莫大な費用に対して，補償を受け取ることになる。難民に資格を再付与することで今後必要となる費用や投資については，国際委員会と受入国との間で結ばれる二国間協約を通じ，本協定での細かい取り決めにしたがって算定されることになる。

国際委員会

12. 国際委員会は，パレスチナ国家，受入国，イスラエル，さらには国連，世界銀行，ヨーロッパ連合，G8，その他の該当する機関を含む国際社会のメンバーによって構成される。国際委員会は，難民問題のあらゆる面での解決に関して，全責任を負う。国際委員会の任務，機構，活動形態については，本協定の中で詳述される。

国連パレスチナ難民救済事業機関(UNRWA)

13. UNRWAの段階的な目的は，両当事者によって承諾された綿密なスケジュールにしたがって実現されるべきであり，その期間は5年を超えてはならない。……

レバノンにいる難民の所有地

14. 以下のすべての計画において，レバノンにいるパレスチナ難民は，優遇されるべきである。

旧ユダヤ人難民(訳注＊)

15. 旧ユダヤ人難民に対するアラブ諸国による補償というテーマは，イスラエルとパレスチナの二国間協定には含まれていないものの，当事者はこの問題の公正で公平な解決策の模索に協力することを約束する。

要請の終結

16. 当事者は，上記のさまざまな形態によって，1948年12月11日に採択された国連総会決議第194号11条が完全な形で最終的に実現されることを承認する。また，これらの計画を取り決めにしたがって実行し，これまでに詳述されてきた措置を講じることによって，パレスチナ難民問題はあらゆる側面において全面的に後戻りすることなく解決されると考える。このテーマに関して提起された，これ以外のいかなる要請も要求も，両当事者が行うことはありえない。これらの条項が実施された後には，もはやパレスチナ難民という身分規定を持つ者はいなくなるであろう。

タバ，2001年1月23日

（原注＊）元の文書にも，そのまま××と記されている。資料にはいかなる数字も書かれていない。

（訳注＊）1948年のイスラエル建国にともない，アラブ諸国から事実上追放され，イスラエルに移住したアラブのユダヤ教徒のこと。

INDEX

あ▼

か▼

さ▼

INDEX

INDEX

CRÉDITS PHOTOGRAPHIQUES

AFP 14-115,120b,121,122,124b,125. AFP/Bouchon 119. AFP/J.David Ake 186. AFP/Eric Feferberg 123,136. The Brooklyn Museum 17,20. Collection particuliere Dos 16,18,18-19h, 19b,20-21h,22h,22b,23h,23b,24-25,27h,27b,28g,28d,28b,29,30h,30m,30b,31,33h,34h,34m,34b,35g, 35d,36,38h,38m,42h,42b,43b,46h,47h,47m,47b,48h,48-49,51,60b,62,62-63,63d,69,74b,76h,78b,79m, 79b,79bg,79bg,80,81,82hd,83b,86hg,86hd,86b,87,92h,93b,95dh,95dmh,95dmb,95db,98d,98-99,103, 137,138,144,146,161,166. Droits reserves 35m,38b,40h,44,52-53h,59b,61,64,65h,74h,75,78h,97,103, 112h,112b,138. Fox 46b (c) Editions Galimard 14,19,55b,67b,72,98g. Hulton Deutsch 54,71b, 141. Imperial War Museum, Londres 32-33b,45h52b,53b. Institut des etudes Palestiniennes 5h,5mh,5mb,5b,6-7h,6-7mb,6-7b,8-9h,8-9mh,8-9mb,8-9b,10-11mh,10-11mb,10-11b,26,37,39,43m, 50g,58,59h,60,60-61. Library of Congress 10-11h,148. Magnum 82hg. Magnum/(c) Abbas 180. Magnum/(c) Rene Burri 82-83. Magnum/(c) Raymond Depardon 95g. Magnum/Fred Mayer 93m. Magnum/(c) James Nachtwey 108,118-119. Magnum/(c) Gilles Peress 102-103. Magnum/(c) Chris Steele-Perkins 104. Magnum/Kryn Tacoins 76b. Magnum/(c) BrunoBarbey12-13h,12-13mh,12-13mb,12-13b,88,88-89,89,90-91,95b,100b,101. Mankind Museum 21bg,21db. ONU 41. Popperfoto 71hg. Reza 106-107,110,111. Marc Simon 107. Sipa-Press 66hg,66m,66b,71m. Sipa-Press/Alfred 109,112-113. Sipa-Press/(c) Chesnut/Witt 122h. Sipa-Press/Delmas 77. Sipa-Press/GDO Images 54-55h. Sipa-Press/(c) Hulton Deutsch 40-41,45b, 49h,50d,52b,53b. Sipa-Press/Yan Morvan 96,105. Sipa-Press/Tscham 120h. Sipa-Press/Wheeler 92b. Sygma/A.Gyori 127h,127b. Sygma/M.Milner 124h. Sygma/N.Shoar 126. UNRWA 56,57,64-65b,68,70,71,72-73,72b,73b,84,84-85,100h,155,156,157,171.

出典（図版）

【口絵】

5上●ナーブルスのナジャー小学校の生徒，1924年，パレスチナ研究所写真コレクション
5中上●ヤーファの男子高校の指物師コース，1924年，同上
5中下●刈入れをするパレスチナの農婦，ハリール・ラアド・コレクション
5下●スイカ作り，同上
6〜7上●ベツレヘムの風景，同上
6〜7中上●村の小学校，同上
6〜7中下●正教会派学校のオーケストラ，1938年，パレスチナ研究所写真コレクション
6〜7下●オレンジの収穫，同上
8〜9上●伝統的な製陶，ハリール・ラアド・コレクション
8〜9中上●エルサレムの「神殿の丘」を訪ねるアフマド・アッシャリーフ・アッサヌーシー，1923年，同上
8〜9中下●エルサレムのアラブ大学の教授と学生，1930年，パレスチナ研究所写真コレクション
8〜9下●海から見たヤーファ，同上
10〜11上●アラブ最高委員会議場前のパレスチナの婦人代表団，エルサレム，1936年，マトソン・フォトグラフィー・サービス，議会図書館
10〜11中上●ヤーファの正教会派学校の学生，1938年，パレスチナ研究所写真コレクション
10〜11中下●ガリラヤ湖の漁師，ハリール・ラアド・コレクション
10〜11下●伝統的な石鹸製造，同上
12〜13上，8〜9中上●ヨルダンのパレスチナ難民キャンプ（部分），1968年，ブルーノ・バーベイ撮影，マグナム
12〜13中下●ヨルダン川近くのパレスチナ難民キャンプ（部分），1969年，同上
12〜13下●ヨルダン，アンマン近郊のキャンプで訓練中のパレスチナの少女，1970年，同上
15●パレスチナ遠景とオリーブの木。

【第1章】

16●パレスチナの農婦，アンヌ・マリー・エスプリ画，1914年，個人蔵
17●ベドウィン，ジョン・シンガー・サージェントの水彩画，1904〜1905年頃，シェクター・リー撮影，ブルックリン美術館
18〜19下●エルサレムの石工（部分），19世紀の写真，フォトグローブ・チューリッヒ，個人蔵
18，19下●オスマン帝国領パレスチナの官印
19●オスマン帝国領パレスチナの地図
20●『メロン・ボート』，ジョン・シンガー・サージェントの水彩画，1904〜1905年頃，シェクター・リー撮影，ブルックリン美術館
20〜21上●タブール山から見たヤーファ平野の眺め，19世紀の写真，フォトグローブ・チューリッヒ，個人蔵
21下●パレスチナの農婦の伝統的な衣裳，イギリス人類博物館
22上●カルマル山のドルーズ派の農民たち，19世紀の写真，フォトグローブ・チューリッヒ，個人蔵
22下●ハイファの風景，同上
23●ナーブルスの風景，同上
23下●遊牧のベドウィン，同上
24〜25●エルサレムの「岩のドーム」，同上
26●ジェマル・パシャ，「青年トルコ人」の三巨頭の一人，1914年にパレスチナの総督およびシリア・パレスチナを統括する第4軍の司令官に就任，ハリール・ラアド・コレクション
27上●1898年，ヴィルヘルム2世の「聖地」訪問の際に発売された絵葉書，個人蔵
27下●バシリカ聖堂「ヤコブの井戸の教会」の建設，絵葉書，個人蔵
28左●「聖墳墓」の前庭での洗足式（部分），個人蔵
28右●「岩のドーム」前のイスラム教徒の儀式，個人蔵
28中●「嘆きの壁」に向かって祈るユダヤ教徒，個人蔵
29●ファイディー・アルアラミー，1906〜1909年までエルサレム市長，個人蔵
30上●ベツレヘム，19世紀の写真，フォトグローブ・チューリッヒ，個人蔵
30中●チベリアス湖，同上
30下●ジェニン，写真，同上
31●「フィラスティーン」誌を売る子ども，個人蔵
32〜33下●アラビアのファイサルと彼の部隊，1917年，大英帝国戦争博物館，ロンドン
33上●エルサレム近郊で閲兵するジェマル・パシャ，1917年頃，ワーシフ・ジャウハリーヤ・コレクション
34上●エルサレム，1917年，コンノート公爵による勲章の授与，個人蔵
34中●住民に対する戒厳令布告，同上
34下●アレンビー将軍のエルサレムへの正式な到着，1917年，同上
35左●訪問を終えたアレンビー将軍の出発，同上
35右●エルサレム住民への布告，同上
35中●アーサー・ジェイムズ・バルフォア，1917年

【第2章】

36●委任統治下の植民地博覧会のポスター，個人蔵
37●イギリス騎馬警官隊とパレスチナの群集との衝突，1933年，パレスチナ研究所写真コレクション
38上●イギリス委任統治時代に発行されたパレスチナの切手，個人蔵
38中●テオドール・ヘルツルの著書『ユダヤ人国家』の表紙，同上
38下●テオドール・ヘルツル，写真
39●イギリスの初代高等弁務官のパレスチナ到着，パレスチナ研究所写真コレクション
40上●パレスチナにおけるユダヤ人入植地の建設，1930年頃，個人蔵
40〜41●ユダヤ人移民700名の「SS United States」号からの下船，1948年2月2日
41●地域ごとのパーセンテージを表示した，1945年当時のユダヤ人とパレスチナ人の所有地の地図。村落統計，エルサレム，パレスチナ政府，1950年に国連が発行した地図
42上●イッズ・アッディーン・アルカッサームを表した大衆向けポスター，個人蔵
42下●日刊紙「パレスチナ」の英文特別版，，1923年バルフォア卿のエルサレム訪問の際に発行，同上

43中◉エルサレムにおけるイギリス軍とパレスチナの民衆の衝突，1933年，同上
43下◉エルサレムのムフティー，アミーン・アルフサイニー，1936年，絵葉書，同上
44◉イギリスによるヤーファの破壊，1936年，アマチュア写真家のフィルム，ヴィスニュース
45上◉エルサレムにおけるパレスチナの婦人のデモ，1936年，K. W. レイナー・コレクション，大英帝国戦争博物館，ロンドン
45下◉ピール委員会メンバーのロンドン出発，1936年11月5日
46上◉委任統治時代にパレスチナのレジスタンスが発行した切手，個人蔵
46下◉パレスチナのレジスタンス，1940年
47上◉アブド・アルラヒーム・アルハーッジュ・ムハンマド，パレスチナ・レジスタンスの部隊長，1936年頃，個人蔵
47中◉ファウズィー・アルカウークジー，パレスチナ・レジスタンスの部隊長，同上
47下◉アブー・ディイー，パレスチナ・レジスタンスの部隊長，同上
48上◉1936～1939年の大蜂起のさなか，イギリス軍のまねをするパレスチナの子どもたち，同上
48～49◉エルサレムに集結したイギリス軍の装甲車，同上
49上◉エルサレムで，イギリス兵による住民の身体検査，1938年
50左◉パレスチナ人強制収容所，1939年頃，パレスチナ研究所写真コレクション
50右◉互いに鎖でつながれたパレスチナ人捕虜，エルサレム，1938年
51◉パレスチナについてのマクドナルド白書，1939年5月，個人蔵
52～53上◉シオニスト会議におけるハイム・ワイツマン，ニューヨーク・ビルトモアホテル，1942年
52下，53下◉イギリス兵が発見したシオニストの武器，1939年，大英帝国戦争博物館，ロンドン
54◉エルサレムの「ダビデ王ホテル」の破壊，1946年7月27日
54～55上◉ハイファ港における「エグゾダス号」，1947年7月
55下◉1947年11月29日国連決議案によるパレスチナ分割の地図

【第3章】

56◉パレスチナを去る難民のトラック，1948年，UNRWA
57◉逃げるパレスチナ人，UNRWA
58◉パレスチナ分割案発表時のカイロにおけるデモ，1947年12月，パレスチナ研究所写真コレクション
59上◉1948年以降のエルサレムにおける爆発，同上
59下◉国連分割決議案に対して喜びを表すシオニスト，1947年12月
60下◉1948年におけるパレスチナ・レジスタンスのメンバー，個人蔵
60～61，61上◉ハガナの兵士，1948年，同上
62◉デイル・ヤーシーン村の女性教員，同上
62～63◉カスタルの戦いの後，アブド・アルカーディル・フサイニーの遺骸を持ち帰る部下たち，1948年4月8日，同上
63右◉アブド・アルカーディル・フサイニー，同上
64，65上◉ハガナによって町から追い出されるヤーファの住民，1948年，アマチュア写真家のフィルムの一部，ヴィスニュース
64～65下◉海岸地帯に追い出される住民，ガザ，1949年，UNRWA
66上左◉最後のイギリス軍兵士がパレスチナを去った，1948年7月
66中◉ダビッド・ベングリオンによるイスラエルの建国宣言，1948年5月14日
66下◉1948年，国連調停官としてパレスチナに派遣されたフォルケ・ベルナドッテ伯
67下◉1948年当時のパレスチナ周辺のパレスチナ難民キャンプの地図

【第4章】

68◉北レバノンのナフル・アルバーリドのパレスチナ難民キャンプ，1948年，マートルル・ウィンター・チャウメニーの写真，UNRWA
69◉「ファタハ」誌の表紙，個人蔵
70◉パレスチナ難民に対するUNRWAの食糧の配給，ヨルダン，カラク近郊，UNRWA
71◉パレスチナ難民キャンプ内の学校，UNRWA
72下◉UNRWAの学校の卒業生，J. バーレインの写真，UNRWA
72～73◉ヨルダンの難民キャンプ，ジョージ・ネーメの写真，UNRWA
73下◉UNRWAの学校における技術者の養成，M. ナスルの写真，UNRWA
74上◉タウフィーク・サーレハの映画『だまされた者たち』のスチール写真，個人蔵
74下◉ベイルート・アメリカン大学，同上
75◉「パレスチナを忘れないで」，学生ヤセル・アラファトがナギブ将軍に請願書を差し出す，1952年
76上◉1956年7月27日の「エジプトの躍進」紙，個人蔵
76下◉アルジェリア民族解放戦線の兵士たち，1957年9月
77◉ガザにおけるナセル支持のデモ，1957年3月13日
78上◉ヤセル・アラファトと同席するナセル
78下，79中，79左下◉ファタハの軍事部門による公式声明，1965年(部分)，個人蔵
79右下◉ファタハの軍事部門による声明，1965年，同上
79下◉パレスチナの戦闘員，同上
80,81◉パレスチナ・ゲリラの訓練，同上
82上左◉東エルサレムに入るモシェ・ダヤン，1967年6月
82上右◉カラーマの戦い後，戦場に放置されたイスラエル軍の戦車，1968年3月21日，個人蔵
82～83◉「6日戦争」(第三次中東戦争)中，シナイ半島で破壊されたエジプト軍の戦車，1967年6月7日
83下◉カラーマの戦いにおける「殉教者」の葬列，1968年3月，同上
84◉ヨルダン川を越えて追われ行くパレスチナ難民，1968年2月，ジョージ・ネーメ(George Nehmeh)の写真，UNRWA
84～85，85右◉イスラエルによるガザ地区占領後，追われ行くパレスチナ難民，1967年6月，UNRWA
86上左，86上右◉『ファタハとの対話』，ファタハの出版物，個人蔵

86下◉PDFLPの基地に滞在中のアニア・フランコ，1969年頃，同上
87◉バカーの難民キャンプで『ヒア・アンド・ゼア　こことよそ』の撮影をするジャン・リュック・ゴダール，1969年，同上
88～89，90～91◉ヨルダンのアンマン近郊の基地で訓練するパレスチナゲリラ，1971年，ブルーノ・バーベイの写真
92上◉ヨルダンでの虐殺の際のファタハ誌日刊版の第1面，1970年9月，個人蔵
92下◉航空機3機のハイジャック事件，ヨルダンのザルカー空港，1970年
93中◉将軍たちに囲まれたヨルダンのフセイン国王，1974年
93下◉アブー・アリー・イヤードがアジュルーンの森で死んだ後のファタハ誌の表紙，1971年7月，個人蔵
95左◉ミュンヘンオリンピックでイスラエル選手団が人質となった事件，犯人のパレスチナ・ゲリラの1人，1972年9月
95下◉書斎における小説家カナファーニー
95右◉上から下へ，マフムード・ハムシャリー，ワイール・ズアイタル，カマール・アドワーン，ユースフ・アンナッジャール，カナファーニー，個人蔵

【第5章】

96◉ベイルート爆撃，1982年
97◉パレスチナの三大レジスタンス組織の指導者たち，アラファト，アブー・イヤード，ハバシュ，ハワートメ
98左◉シリア，右派キリスト教徒，左派レバノン人およびパレスチナ人により，3つの部分に分割占領されたレバノンの地図
99右◉ベイルートにおけるパレスチナ・ゲリラ支持のデモ，個人蔵
98～99◉難民キャンプ地内で刈り入れをする難民，同上
100上◉1978年のイスラエルの軍事介入で爆撃を受けた難民キャンプ，南レバノン，ラシーディーヤ(Rashidieh)，シャウカト・ハサンによる写真，UNRWA
100下◉1974年のアラブ首脳会議（ラバト）におけるレバノン首相タキー・アッディーン・アッスルフ，ヤセル・アラファト，サウジアラビア国王ファイサル
101◉1974年のアラブ首脳会議（ラバト）におけるヤセル・アラファト，アルジェリア大統領ハワリー・ブーメディエン，エジプト大統領アンワル・アッサダト，
102～103◉国連の演壇上のヤセル・アラファト，1974年11月13日
103◉1970年から世界各地で発行されたパレスチナ人による書籍や雑誌，個人蔵
104◉ベイルート爆撃，1982年
105◉PLOのベイルート脱出，1982年8月12日
106～107◉レバノンのシャティーラにおける虐殺，1982年9月18日
107◉ベイルートの塀に残る《MP》のマーク。サブラとシャティーラの難民キャンプまで続いている

【第6章】

108◉パレスチナ国旗を掲げる少年，ラーマッラー，1988年3月
109◉ラーマッラーにおける葬列，1988年3月
110◉トリポリを発つパレスチナゲリアの青年
110～111◉「オデュッセウス号」でトリポリを発つヤセル・アラファト，1983年12月
112中◉インティファーダ；イスラエル軍との衝突で傷ついた少年
112下◉インティファーダの少年
112～113◉ラーマッラーの通りにおけるインティファーダの蜂起，1988年3月
114～115◉「平和のためのイスラエル委員会」とPLOメンバーの会合，1983年3月21日
118～119◉イスラエルの「ピース・ナウ」運動のデモ，テルアビブ，1988年12月
119◉チュニスのPLO司令部の爆撃，1985年10月2日：生き残った人々の避難
120上◉ストラスブールで開催されたEC議会を前にしたヤセル・アラファト，1988年9月14日
120下◉アブー・ジハードの葬儀，1988年4月20日
121◉パリでフランソワ・ミッテラン大統領と会談するヤセル・アラファト，1989年5月2日
122上◉マドリード中東和平会議，1991年10月31日
122下◉イツハク・ラビンとヤセル・アラファトの握手，ワシントン，1993年9月13日，「オスロ合意」調印式での出来事
123◉PLOとイスラエルの「オスロ合意」の調印後，喜びを表すガザとエリコのパレスチナ人，1993年9月14日
124上◉ヘブロンの虐殺，1994年2月5日。エルサレムの病院に搬送される負傷者
124下◉1995年11月4日，ラビン暗殺の1時間前のペレスとラビン
125上◉レバノンにおける「怒りの葡萄」作戦，1996年4月18日
125下◉パレスチナの第1回普通選挙1996年1月20日，
126◉1996年9月25日，イスラエル人がエルサレムに建設したトンネルの開通後，ラーマッラーで起こったデモ
127上◉ハル・ホマの入植地建設に抗議するパレスチナ人農民の座り込み
127下◉1997年3月17日，ハル・ホマの入植地の建設作業をイスラエル軍が守る
128上 ◉1998年10月23日，「ワイ・リバー合意」時のヤセル・アラファト，ヨルダンのフセイン国王，ビル・クリントン，ベンヤミン・ネタニヤフ
128下◉↑ヘブロン中心部でパレスチナ人居住地域とユダヤ人の飛び地を分ける鉄格子，2000年12月
129◉サゴのユダヤ人入植地を守る城壁，1998年11月
132上◉パレスチナ人のパスポート
132下◉キャンプ・デービッド会談でのビル・クリントン，ヤセル・アラファト，エフード・バラク，2000年7月11日
133左◉ガザ国際空港開港式でのヤセル・アラファト，1998年11月24日
133右◉ガザ国際空港にて，ヤセル・アラファトとエジプト代表団の到着，1998年11月24日
134上◉エルサレムの「神殿の丘」を立ち去るアリエル・シャロン，2000年9月28日
134下◉タバ会議におけるウライカート，ベイリン，アブド・ラッビヒ，2001年1月25日
135◉エルサレムの「神殿の

丘」でイスラエル兵と衝突するパレスチナの若者たち，2001年10月6日
136●イスラエルとPLOが「オスロ合意」に調印した後，エルサレムの路地でパレスチナ国旗を手にする小学生，1993年9月16日

【資料篇】

137●ヤーファのパレスチナ人の子供たち，19世紀，個人蔵
138●バルフォア宣言，ロスチャイルド卿に宛てたバルフォア卿の手紙，1917年11月2日
141●委任統治下のパレスチナの囚人たち
144●フアード・ヒジャーズィーの肖像写真，個人蔵
146●アルカッサームの肖像写真，個人蔵
148●エルサレムの大ムフティーが委員長を務めたアラブ最高委員会，1936年，パレスチナ研究所写真コレクション
155●ヨルダンのバカーにある難民キャンプ，1968年，G・ネーメの写真UNRWA
156～157●パレスチナ難民キャンプ，UNRWA
161●1968年から1969年にかけて，カラーマの戦いを記念して，ファタハが発行した切手
166●壁に描かれたパレスチナの旗とPLOの略号。個人蔵。
171●シャティーラの大虐殺。1982年9月20日，UNRWA
180●マドリード中東和平会議から帰ってきたファイサル・フサイニー，1991年。
186●ワシントンにおける「オスロ合意」への調印，1993年9月13日。

参考文献

エドワード・W.サイード『パレスチナとは何か』島弘之訳 岩波書店，1995年
須藤隆也『中東紛争』中東調査会，1995年
立山良司『中東平和の行方』中公新書，1995年
土井敏邦『和平合意とパレスチナ』朝日新聞社，1995年
エドワード・W.サイード『イスラム報道』浅井信雄，佐藤成文訳　みすず書房，1996年
デヴィッド・グロスマン『ユダヤ国家のパレスチナ人』千本健一郎訳　昌文社，1997年
臼杵陽『中東平和への道』山川世界史リブレット，1999年
飯塚正人（監著）『よくわかるイスラム原理主義のしくみ』中経出版，2001年
ハナン・アシュラウィ『パレスチナ報道官』猪股直訳　朝日新聞社，2000年
ジョージ・レンツウィスキー『冷戦下アメリカの対中東戦略』北沢義之訳　第三書館，2002年
鏡武『中東紛争』有斐閣，2001年
高橋和夫『アメリカとパレスチナ問題』角川書店，2001年
広河隆一『パレスチナ』徳間文庫，2001年
森戸幸次『中東紛争』平凡社新書，2001年

［著者］**エリアス・サンバー**

歴史家。1948 年生まれの亡命パレスチナ人。1974 年からパレスチナ研究所研究員。レバノン，フランスのパリ第 7 大学，アメリカのプリンストン大学で教鞭をとる。1981年，パリで「パレスチナ研究誌」（ミニュイ社）を創刊し編集長に就任した。「難民に関する多国間会議」のパレスチナ人代表団の一員となり，それに先立ってワシントンで行なわれたイスラエルとの二国間交渉にも参加した（1991年～）。主著に，『パレスチナ1948年，追放』（パレスチナ研究誌叢書，パリ，1984年），『未来の国パレスチナ』（オリヴィエ社，1996年）など多数。ムハンマド・ダルウィーシュの詩の翻訳（アクト・シュッド社）もおこなっている。……………………

［監修者］**飯塚正人《いいづかまさと》**

1960 年生まれ。東京大学大学院博士課程中退。現在東京外国語大学アジア・アフリカ言語文化研究所助教授。共著書に『イスラームに何がおきているか』（平凡社），『「イスラム原理主義」とは何か』（岩波書店），『講座イスラーム世界〈5〉 イスラーム国家の理念と現実』（栄光教育文化研究所），『よくわかるイスラム原理主義の仕組み』（中経出版）など……………………………………………………

［訳者］**福田《ふくだ》ゆき**

一橋大学社会学部卒。仏文翻訳者。訳書に『シュリーマン・黄金発掘の夢』，『ラメセス2世』，（本シリーズ76，81）がある…………………………………………………………

［訳者］**後藤淳一《ごとうじゅんいち》**

1964年生まれ。中央大学大学院大学研究博士課程前期修了。仏文翻訳書。訳書に『ヨーロッパ未来の選択』，『ジャック・アタリの核という幻想』，『ローマ教皇』，『錬金術』，『レオナルド・ダ・ヴィンチ』（本シリーズ 64，72，79）がある。 ………………………………………………

「知の再発見」双書103

パレスチナ

2002年6月10日第1版第1刷発行
2007年3月10日第1版第2刷発行

著者　エリアス・サンバー
監修者　飯塚正人
訳者　福田ゆき／後藤淳一
発行者　矢部敬一
発行所　株式会社 創元社
本　社❖大阪市中央区淡路町4-3-6　TEL(06)6231-9010(代)
FAX(06)6233-3111
URL❖http://www.sogensha.co.jp/
東京支店❖東京都新宿区神楽坂4-3煉瓦塔ビルTEL(03)3269-1051(代)
造本装幀　戸田ツトム
印刷所　図書印刷株式会社
落丁・乱丁はお取替えいたします。

 ISBN978-4-422-21163-3

◎好評既刊◎

B6変型判/カラー図版約200点

「知の再発見」双書
中東・エジプトシリーズ14点

②古代エジプト探検史
吉村作治〔監修〕

㉚十字軍
池上俊一〔監修〕

㊵クレオパトラ
吉村作治〔監修〕

㊶カルタゴの興亡
森本哲郎〔監修〕

㊷ミイラの謎
吉村作治〔監修〕

㊸メソポタミア文明
矢島文夫〔監修〕

(51)オスマン帝国の栄光
鈴木董〔監修〕

(57)ペルシア帝国
小川英雄〔監修〕

(62)バビロニア
松本健〔監修〕

(81)ラメセス2世
吉村作治〔監修〕

(97)ヒエログリフの謎をとく
吉村作治 〔監修〕

(103)パレスチナ
飯塚正人〔監修〕

(104)テンプル騎士団の謎
池上俊一〔監修〕

(110)〔改訂新版〕ムハンマドの生涯
後藤明〔監修〕